KB274111

노래로 배우는 인도네시아어

AULIA DJUNAEDI

초판 인쇄   2014년 7월 25일
초판 발행   2014년 7월 30일

지은이   Aulia Djunaedi
발행인   서덕일

펴낸곳   도서출판 문예림
주소   서울 광진구 능동로 29길 6 문예하우스 101호
전화   (02)499-1281~2
팩스   (02)499-1283
홈페이지   http://www.bookmoon.co.kr
Email   book1281@hanmail.net

출판등록   1962년 7월 12일 제 2-110호
ISBN   978-89-7482-809-7 (13790)

♭ *preface*

인도네시아와 한국의 관계가 진전되면서 인도네시아어의 중요성이 부각되고 있습니다. 그러한 흐름에 따라 시중에는 이미 초급이나 중급 레벨의 한국인 학습자를 위한 다양한 교재가 많습니다. 하지만 이 교재처럼 노래를 통해 인도네시아어를 학습할 수 있는 교재는 없습니다. 노래를 통한 학습으로 조금이라도 더 쉽고 재미있게 인도네시아어를 배울 수 있도록 이 교재를 만들게 되었습니다.

옛날부터 유명하거나 요즘 많은 인기를 끌고 있는 노래들이 또한 아이들의 노래부터 애국심을 표현한 노래까지 다양한 장르를 아우르고 있습니다. 또한 이해를 위해 한국어 발음과 어려운 단어의 설명 및 문장을 통한 예시를 첨부했습니다. 노래를 선정해 주신 Vina Sari Yosephine 그리고 감수해주신 조수지&이승혜의 수고에 감사를 드립니다.

2014년 6월

Aulia Djunaedi

차 례

머리말 · 3

01. Marilah Kemari | 이 쪽으로 오세요 · · · · · · · · · · · · · · · 8

02. Rayuan Pulau Kelapa - Lirik Lagu Wajib Nasional

| 코코넛 섬의 매력 · 21

03. Main Serong | 한눈팔기 · · · · · · · · · · · · · · · · · · 28

04. BAU BAU BAU | 독특한 향기 · · · · · · · · · · · · · · · · 37

05. Madu Dan Racun | 꿀과 독 · · · · · · · · · · · · · · · · 45

06. Singkong dan Keju | 카사바와 치이즈 · · · · · · · · · · · 53

07. Kugadaikan cintaku | 내 사랑을 저당잡혔네 · · · · · · · · 59

08. DESAKU | 나의 시골 · 67

09. Nyiur Hijau | 야자나무 · · · · · · · · · · · · · · · · · · 70

10. Bintang Kecil | 작은 별 · · · · · · · · · · · · · · · · · · 74

11. Balonku | 나의 풍선 · 77

12. Naik Kereta Api | 기차를 타다 · · · · · · · · · · · · · · · 81

13. Kasih Ibu | 엄마의 사랑 · · · · · · · · · · · · · · · · · · 87

14. Kebunku | 나의 정원 · 91

♭ contents

15. Naik Delman | 델만을 타다 · · · · · · · · · · · · · · · · · 94

16. Naik naik ke puncak gunung | 올라가다 올라가다 산꼭대기까지 · · 97

17. Pelangi | 무지개 · 100

18. Ulang Tahun | 생일 축하합니다 · · · · · · · · · · · · · · 103

19. Aku baik-baik saja | 난 괜찮아 · · · · · · · · · · · · · · 107

20. Burung Camar | 갈매기 · · · · · · · · · · · · · · · · · · 113

21. Dia | 그 남자 · 121

22. Cerita Cinta Kita | 우리의 사랑 이야기 · · · · · · · · · · · 130

23. Bengawan Solo | 솔로 강 · · · · · · · · · · · · · · · · · 138

24. Halo-Halo Bandung - Lagu Wajib Nasional Perjuangan

Indonesia | 안녕하세요 반둥 · · · · · · · · · · · · · · · · 143

25. Padamu Negeri | 국가에게 · · · · · · · · · · · · · · · · 146

26. Kapan-kapan | 언제든지 · · · · · · · · · · · · · · · · · 149

27. Kemesraan | 사랑의 감정 · · · · · · · · · · · · · · · · 154

28. Hanya Satu | 딱 한 개 · · · · · · · · · · · · · · · · · · 163

29. Cobalah Mengerti | 이해하려 노력해줘 · · · · · · · · · · · 168

차 례 노·래·로·배·우·는·인·도·네·시·아·어

♭ contents

30. Eeeaa | 에에에아아 · 175

31. Percayalah | 믿어 주세요 · · · · · · · · · · · · · · · · · · 187

32. Pencuri Hati | 마음 도둑 · · · · · · · · · · · · · · · · · · 195

33. Pilih Saja Aku | 나를 선택해줘 · · · · · · · · · · · · · · 202

34. Ku di Negeri Orang | 사람 사는 곳의 나 · · · · · · · 209

35. Dag Dig Dug (OST Putih Abu-Abu) | 닥 딕 둑 · · · · · · · · · 217

36. Satu Nusa Satu Bangsa | 하나의 조국 하나의 민족 · · · · · · · · 224

37. Hari Merdeka | 독립의 날 · · · · · · · · · · · · · · · · · · · 227

38. Dari Sabang sampai Merauke | 사방에서 머라우께까지 · · · · · · 232

39. Ibu Kita Kartini | 우리의 어머니 까르띠니 · · · · · · · · · · · · · 235

40. Syukur | 감사하라 · 238

노래로
배우는
인도네시아어

1945
문예림

01 Marilah Kemari

이 쪽으로 오세요

Titiek Puspa

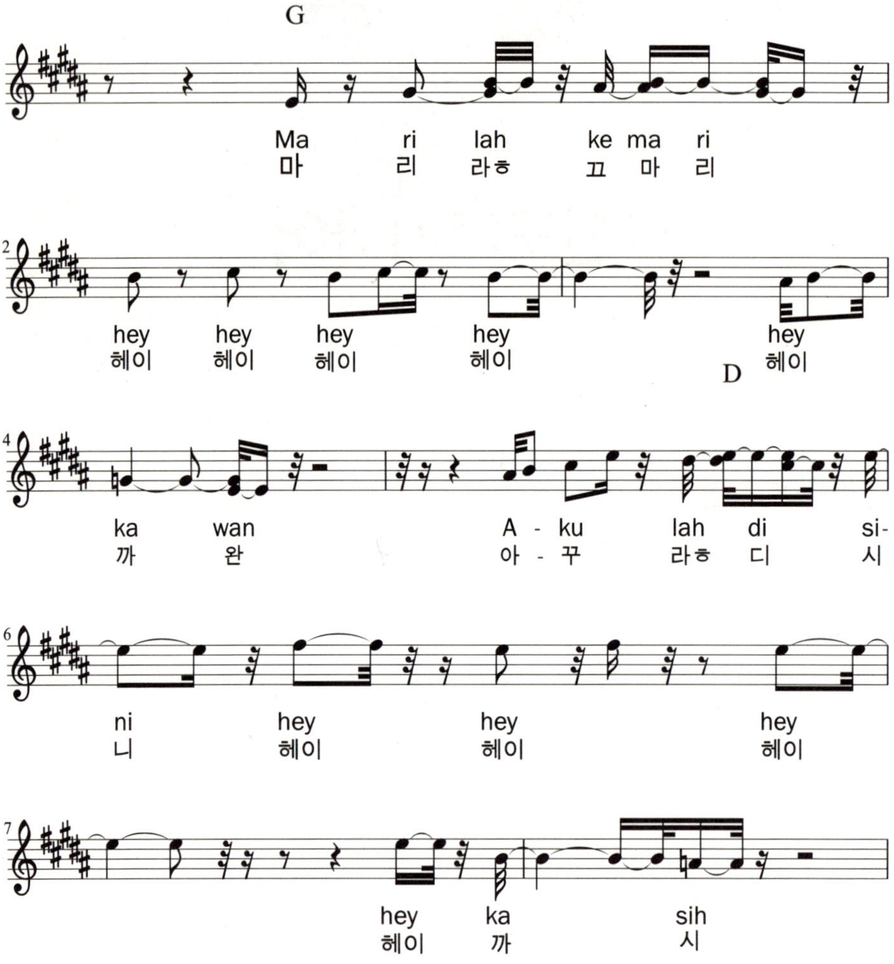

D
ma - . ri ber gem bi ra
마 - 리 브르 금 비 라
ber sa ma sa ma
브르 사 마 사 마
C
hi lang kan ha ti .
힐 랑 깐 하 띠
G
du ka la ra
두 까 라 라
ma - ri - lah ke-mar - ri .
마 - 리 랗 끄 마 리
G
hey hey hey ka
헤이 헤이 헤아 까
wan
완

C
a - ku lah di si - ni
아 - 꾸 라-ㅎ 디 시 니
hey hey hey
헤이 헤이 헤이
hey ka sih
헤이 시
D
ma - ri . ber gem bi ra
마 - 리 브르 금 비 라
. ber sa ma sa ma
브르 사 마 사 마
C
Hi - lang ha
힐 - 랑 하
G
ti du ka . la ra
띠 두 까 라 라

C
G
bo leh du - a du a an .
볼 레 두 - 아 두 아 안
a
아
sal te tap . di ling ka ran
살 뜨 땁 디 링 까 란
C
ta pi a - was
따 삐 아 - 와ㅅ
ja ngan per gi ber dua an .
장 안 쁘르 기 브르 두아 안
D
ne-nek bi lang i
네 넥 빌 랑 이
D7
tu ber ba ha ya .
뚜 브르 바 하 야

G
hey
헤이
ma - ri lah ke ma ri
마 리 라-ㅎ 끄 마 리
hey
헤이
hey
헤이
hey ka
헤이 까
wan
완
C
a ku . lah di si ni
아 꾸 라ㅎ 디 시 니
hey hey hey hey ka -
헤이 헤이 헤이 헤이 까
sih
시
ma ri . ber gem bi ra
마 리 브르 금 비 라
D
ber sa ma sa ma
브르 사 마 사 마

C
hi lang kan ha - ti .
힐 랑 깐 하 띠
G
du ka . la ra
두 까 라 라
C
bo leh du a du a an .
볼 레ㅎ 두 아 두 아 안
a sal
아 살
te tap . di ling ka ran
뜨 땁 디 링 까 란
C
ta - pi a was
따 삐 아 와ㅅ
ja ngan ber du a du a an
장 안 브르 두 아 두 아 안

D
nenek - bi - lang i
네 넥 빌 랑 이
D7
tu ber ba ha ya hey
뚜 브르 바 하 야 헤이
hey
헤이
G
ma - ri lah ke ma ri hey
마 리 라-ㅎ 끄 - 마 리 헤이
hey hey hey hey hey
헤이 헤이 헤이 헤이 헤이
ka wan - a ku lah-
까 완 아 꾸 라ㅎ
C
hey hey hey hey ka
헤이 헤이 헤이 헤이 까

sih   ma   ri   ber gem bi ra
시   마   리   브르 금 비 라
ber   sa   ma   sa
브르   사   마   사
ma hi   lang   kan
마 힐   랑   깐
ha - ti   .du   ka   . la
하   띠   두   까   라
ra
라

Marilah Kemari

이 쪽으로 오세요

Titiek Puspa

Marilah kemari hey hey hey hey <u>kawan</u>
헤이 헤이 헤이 친구들 이 쪽으로 오세요

Akulah di sini hey hey hey hey <u>kasih</u>
제가 여기에 있어요 헤이 헤이 헤이 자기야

Mari bergembira **bersama sama**
같이 즐겁게 놀아요

Hilangkan hati <u>duka lara</u>
슬픈 일을 잊어버려요

Marilah kemari hey hey hey hey kawan
헤이 헤이 헤이 친구들 이 쪽으로 오세요

Akulah di sini hey hey hey hey kasih
제가 여기에 있어요 헤이 헤이 헤이 자기야

Mari bergembira bersama sama
같이 즐겁게 놀아요

Hilangkan hati duka lara
슬픈 일을 잊어버려요

Boleh dua duaan asal tetap di lingkaran
둘만 있으면 조심해야 해요

Tapi **awas jangan** pergi berduaan
하지만 둘이서만 가면 안 돼요

Nenek **bilang** itu berbahaya hey hey hey
할머니가 그것은 위험하다고 했어요

Marilah kemari hey hey hey hey kawan
헤이 헤이 헤이 친구들 이 쪽으로 오세요

Boleh ikut menari hey hey hey hey kasih
다 같이 좀 해도 돼요 헤이 헤이 헤이 자기야

Mari bergembira bersama sama
같이 즐겁게 놀아요

Hilangkan hati duka lara
슬픈 일을 잊어버려요

A. Mari(lah) = "자 − 합시다"

1. Mari mendaki gunung. 등산합시다.
2. Mari main sepak bola bersama-sama. 같이 축구합시다.
3. Mari pergi ke supermarket. 슈퍼마켓에 갑시다.
4. Mari minum kopinya. 커피를 마십시다.
5. Mari Pak. Bapak duluan naik mobil, nanti saya belakangan.
   아저씨 먼저 가세요. 저는 이따가 따라갈게요.
6. Mari bergembira. 즐겁게 합시다.
7. Mari bersenang-senang. 즐겁게 합시다.

B. Bersama-sama = 함께

• Bersama-sama = 함께

Mari kita pikirkan proyek ini bersama-sama.
우리와 함께 이 프로젝트에 대해 생각해 봅시다.

Bersama-sama kita bangun rumah tangga kita.
우리가 함께 가정을 이룹니다.

Bersama-sama kita pergi ke stasiun kereta api.
우리와 함께 기차역에 갑시다.

• Bersamaan = 동시에 ; 일치하여 ; 같은

Mereka datang pada waktu yang bersamaan.
그들은 동시에 같은 시간에 왔다.

Susi berhenti bekerja dan Jon dipecat dari pekerjaannya.
수시가 일을 그만 두고 존은 해고를 당했다.

Bersamaan pada waktu saya pulang rumah, Ibu selesai memasak.
제가 집에 왔을 때 어머니는 요리를 했습니다.

• Sama-sama = 별말씀을 ; 함께 ; 동시에

A: Terimakasih. 감사합니다.
B: Sama-sama. 천만에요.

A: Terimakasih banyak. 대단히 감사합니다.
B: Kembali. 천만에요.

C. Boleh = 가능한 ; 허락 받기

A: Ibu, bolehkah saya menonton TV?
　어머니, 제가 텔레비전을 봐도 될까요?

B: Nanti, setelah PRmu sudah selesai. 숙제를 끝낸 후에 봐도 돼.

A: Bapak, bolehkah saya melalui jalan pintas ini?
　아저씨 이 지름길로 가도 돼요?

B: Maaf Ibu. Tidak boleh. Anda harus putar balik dan melewati
　jalan utama.
　죄송하지만 주도로를 지나쳐서 돌아가야 합니다.

D. Jangan = 하지마

Jangan pura-pura tidak tahu. 모르는 척 하지 마세요.

Jangan malas. 게으름 피우지 마세요.

Jangan pergi ke situ. 거기로 가지 마세요.

E. Bilang = 말하다 ; 이야기 하다

• Bilang / berkata / mengatakan/ ucap...

Nenek bilang kalau 'surga ada di telapak kaki ibu'.
할머니는 "천국은 엄마의 발바닥에 있다"라고 말했다.

Presiden perusahaan mengatakan kalau gossip itu tidak benar.
사장님은 그 소문은 사실이 아니라고 말했다.

Kita harus menabung untuk masa depan ucap kakek.
할아버지는 미래를 위해 저금해야 한다고 말했다.

단 어

- Kawan/ teman = 친구

- Teman sekantor = 동료

- Teman sekerja = 동료

- Teman sekampung = 고향 친구

- Kawan seperjuangan = 전우

- Kasih/kekasih = 애인

- Duka lara = 아주 슬픈

- Duka X Suka = 슬픔 x 행복

02 Rayuan Pulau Kelapa - Lirik Lagu Wajib Nasional

코코넛 섬의 매력

Ismail Marzuki

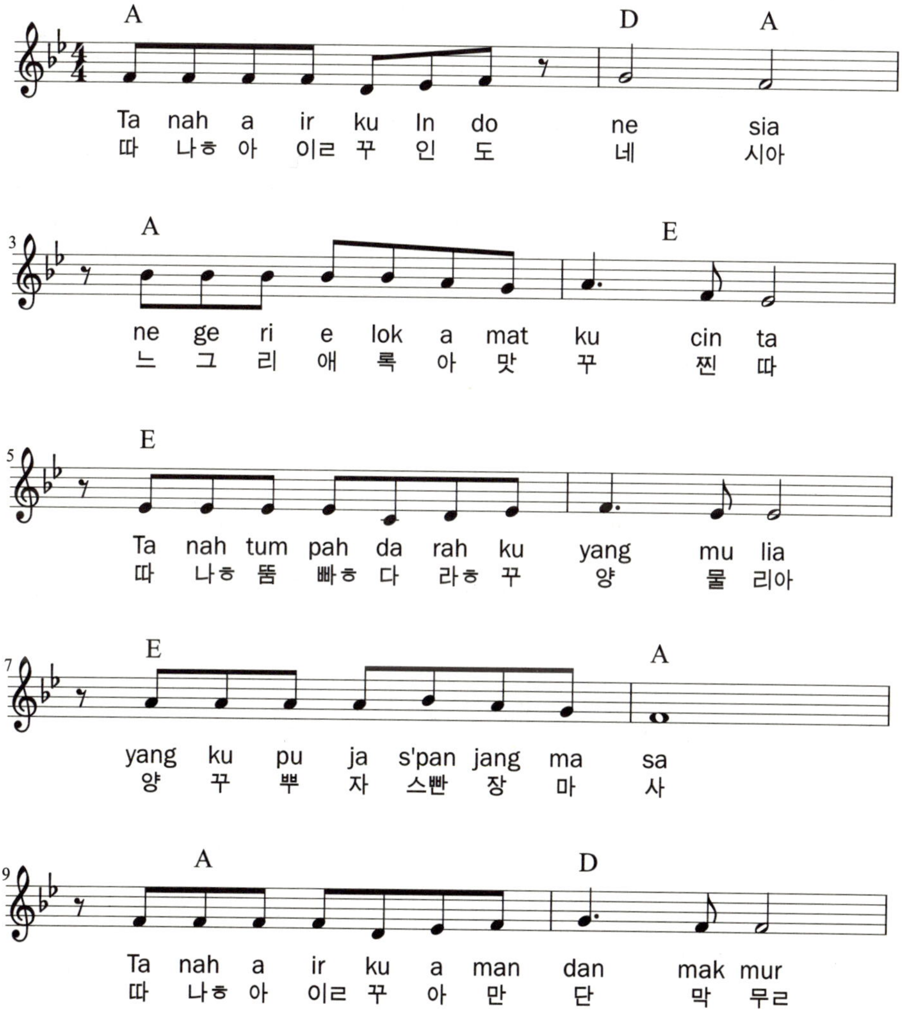

A7
pu lau ke la pa yang a mat su bur
뽈 라우 끌 라 빠 양 아 맛 수 부르
D
Pu lau me la ti pu ja an Bang sa se jak du lu ka
뽈 라우 믈 라 띠 뿌 자 안 방 사 스 작 둘 루 깔
A E A
la Me lam bai lam bai nyi ur di pan tai
라 믈 람 바이 람 바이 니 우르 디 삔 따이
A E A
Ber bi sik bi sik Ra ja K'la na Me mu
브르비 식 비 식 라 자 끌라 나 므 무
A E A A
ja pu lau yang in dah per mai Ta nah
자 뽈 라우 양 인 다흥 쁘르마이 따 나흥
E A
a ir ku In do ne sia
이 이르 꾸 인 도 내 시아

Rayuan Pulau Kelapa
- Lirik Lagu Wajib Nasional
코코넛 섬의 매력

Ismail Marzuki

Tanah airku Indonesia
인도네시아 나의 조국

Negeri **elok amat** kucinta
내가 사랑하는 아름다운 나라

Tanah tumpah darahku yang **mulia**
내 영광스러운 고향

Yang **kupuja sepanjang** masa
영원히 숭배할 거에요

Tanah airku aman dan **makmur**
풍요롭고 안전한 내 고향

Pulau kelapa yang amat **subur**
코코넛 섬은 풍요로운 섬이에요

Pulau melati pujaan bangsa
쟈스민 섬 나라의 경배자

Sejak dulu kala
옛날부터

Reff:

Melambai lambai
흔들 흔들

Nyiur di pantai
바다의 코코넛잎은

Berbisik bisik
속삭이고

Raja **Kelana**
방랑하는 왕

Memuja pulau
섬을 숭배해요

Nan indah permai
너무 아름답죠

Tanah Airku
나의 고향

Indonesia
인도네시아

단 어

A. Tanah air = 고향

1. Tanah airku Indonesia. 나의 조국은 인도네시아 입니다.
2. Tanah airku, di mana aku dilahirkan. 내 고향, 내가 태어난 곳.

B. Elok = 아름다운

Pemandangannya sangat elok sekali.
경치가 아주 아름답습니다.

C. Amat = 매우 ; 아주

Cincin ini amat besar dan berkilauan.
이 반지는 내우 크고 화려합니다.

D. Tanah tumpah darah = 고향

E. Mulia = 아주 높은 ; 존경스러운

Pekerjaannya sangat mulia. 그는 존경 받을 만한 업무를 맡고 있다.

F. Puja = 제례 ; 제사

1. Pujaan bangsa. 국민들에게 숭배를 받는 일이다.

2. Dia selalu memuja-muja grup boyband itu.
그는 언제나 밴드 그룹을 찬양한다.

G. Sepanjang = ~을 따라서

Di sepanjang jalan ini terdapat banyak pedagang kaki lima.
이 길을 따라서 (까끼리마) 상인들이 많다.

H. Makmur = 번영하는

Tanah Indonesia sangat makmur dan subur.
인도네시아는 아주 번영하고 발전하고 있다.

I. Subur = 비옥한

1. Tanah daerah ini sangat subur.
   이 지역의 땅은 매우 비옥하다.
2. Jangan kuatir, Anda masih dalam masa-masa subur, suatu saat Anda pasti akan mempunyai anak.
   걱정 하지 말아요. 당신은 아직 가임 기간입니다. 언젠가 아이를 반드시 갖게 될 거에요.

J. Sejak = ~부터

1. Saya suka bermain piano sejak kecil.
   나는 어렸을 때부터 피아노를 치는 것을 좋아한다.

2. Bangunan kuno ini berdiri sejak tahun 1920.

이 오래된 건물은 1920년부터 있었다.

K. Dulu kala = 옛날부터

Dulu kala ada seorang anak lelaki yang berasal dari keluarga miskin pergi ke kota.

옛날에 가난한 가정에서 도시로 온 남자가 있었다.

L. Melambai = 흔들리다 ; 펄럭이다

M. Nyiur = 코코넛 야자

N. Kelana = 배회 ; 방랑하다

Orang Eropa biasanya suka berkelana ke berbagai negara.

유럽인은 보통 여러 나라를 여행하는 것을 좋아한다.

O. Nan = 그리고

Gunung ini sangat tinggi nan indah.

이 산은 매우 높고 아름답습니다.

P. Indah permai = 너무 아름답다

Main Serong
한눈팔기

The Changcuters

B   A
se rong ka nan   se rong ki ri   ma in
세 롱 까 난   세 롱 끼 리   마 인

Em
se rong wa a a a a   a a sik
세 롱 와 아 아 아 아   아 아 씩

Em
ma ma ma ma in se rong   ha nya se ke dar hi bu
마 마 마 마 인 세 롱   한 야 스 끄 다르 히 부

Em
ran   ja ngan ke   ba nyak kan   nan ti ka
란   장 안 끄   반 야 깐   난 띠 까

Em
mu ke ta gih han   bu bu bu lat kan te kad
무 끄 따 기 한   부 부 불 랏 깐 떼 깟

dan te te ten tu kan pi lih   han   kar na ki
단 뜨 뜨 뜬 뚜 깐 삗 리ㅎ   한   까르 나 끼

Em
ta ha rus bi sa sa ling   ja ga pe ra sa an
따 하 루ㅅ 비 사 살 링   자 가 쁘 라 사 안

B
A
se rong ka nan
세 롱 까 난
se rong ki ri
세 롱 끼 리
ma in
마 인
Em
se rong wa a a a a
세 롱 와 아 아 아 아
a a sik
아 아 씩

Main Serong
한눈팔기

The Changcuters

Ma.. ma.. **main serong** berbahaya but is so fun
파람 피는 것은 위험하지만, 정말 신나는 일이지

Melepas rasa penat dalam **menjalin** hubungan
관계로 엮인 권태로운 마음을 날려버리지

Buat **para pemula sebaiknya jangan** ikutan
초보자들은 따라하지 않는 것이 좋을 걸

Perlu skill sejati agar tak **jadi berantakan**
엉망진창이 되지 않기 위해서는 정말 완벽한 기술이 필요해

Reff :

Serong kanan...
오른쪽에서 파람 피고

Serong kiri...
왼쪽에서 파람 피고,

Main serong wa a a a a asik...
파람 피는 것 정말 신나는 일

[2x]

Ma..ma..main serong hanya **sekedar** hiburan
파람 피는 것은 단지 오락일 뿐이야

Jangan kebanyakan **nanti** kamu **ketagihan**
너무 많이 하면 중독이 될 거야

Bu,,bu,,**bulatkan tekad** dan te... te... tentukan pilihan
의지를 확고히 하고 선택을 확실히 해

Karna kita harus bisa sa.. **saling** jaga perasaan
왜냐하면 우리는 서로의 감정을 잘 다스릴 수 있어야 하니까

A. Main serong = 바람 피우다

Dia suka main serong di belakangku.

그는 내 뒤에서 바람 피우는 것을 즐겨한다.

B. Melepas rasa penat

- Lepas = 풀린 ; 벗어난
- Rasa = 맛
- Penat = 힘든

Minum adalah salah satu caraku melepas penat.

술은 나의 피곤을 푸는 방법 중 하나이다.

C. Jalin = 관계가 있는 ; 연결된

Korea dan Indonesia menjalin hubungan yang sangat baik.

한국과 인도네시아는 매우 좋은 관계를 맺고 있다.

D. Para = 모든 (집합을 나타내는 지시사)

Para pemuda pemudi = ; para wanita = ; para anak-anak

젊은 사람들 ; 여성들 ; 아이들

E. Pemula = 초보자

1. Ia masih pemula. 그녀는 아직 초보자입니다.
2. A: Wah Budi pintar sekali kamu bersepatu roda.

   우와, 부디씨 인라인 스케이트를 아주 잘 타네요.

   B: Masa sih? Saya masih pemula lho.

   그래요? 저는 아직 초보자인데요.

F. Sebaiknya = 더 좋은

1. Sebaiknya kamu pikirkan terlebih dahulu sebelum mengambil pekerjaan itu.
   저 일자리를 얻기 전에 너는 먼저 생각을 해보는 것이 더 좋을 것이다.
2. Sebaiknya kita belok kiri karena lebih cepat.
   더 빠르니까 우리는 왼쪽으로 꺾는 편이 더 좋겠어요.

G. Jangan = ~하지 마

H. Sejati = 순수한

Powpow memang anjing yang sejati, ia mengikuti kemana Olia pergi. 파우파우는 정말 충실한 강아지입니다. 올리아가 어디에 가든지 항상 뒤따른다.

I. Agar = ~하기 위하여

Kita hanya memakai sedikit minyak agar dagingnya tidak terlalu lembek.

우리는 기름을 조금만 사용해서 고기가 너무 물컹거리지 않게 하고 있다.

J. Jadi = 그래서

Jadi semuanya totalnya berapa? 그래서 다 합치면 얼마에요?

K. Berantakan = 혼잡한 ; 부주의한

Susahnya mempunyai balita, baru ditinggal masak selama 5 menit kamar sudah berantakan. 아이를 기르는 것은 어렵다. 요리하느라 아기를 단지 5분 못 봤을 뿐인데 방이 엉망이 되었다.

L. Sekedar = 그냥

Hanya sekedar peringatan, jangan coba-coba bekerja dengan visa turis. 이것은 경고입니다. 관광비자를 사용해서 취업하지 마십시오.

M. Nanti

- Nanti = ~될 것이다

Ibu Ina, Anda harus lebih perhatian kepada anak anda, saya takut nanti ia akan semakin ketinggalan di sekolah.

이나씨, 아들한테 신경을 더 써 주시면 좋을 것 같습니다. 안 그러면 아들이 학교에서 수준이 떨어질 수 있습니다.

- **Nanti = 이따가; 나중에, 후에**

Nanti saja pergi belanjanya, saya masih belum selesai bekerja.

쇼핑은 나중에 하세요. 나는 일이 아직 끝나지 않았어요.

N.

- **Ketagihan <ke-an> = 계속해서 요구하다 ; 중독된**

Jangan pernah mencoba merokok karena bisa ketagihan.

담배는 중독성이 있으니까 피우려고 하지 마세요.

- **Tagih = 지불을 요구하다, 세금을 부과하다**

Maaf, tapi saya harus menagih uang yang pernah saya pinjamkan kepadamu.

죄송하지만 나는 당신에게 빌려준 돈을 받아야 합니다.

O. Bulatkan = 확실하게 하다

Bulatkan tekadmu. Anda pasti bisa.

의지를 가지세요. 당신은 할 수 있을 것입니다.

P. Saling = 서로

Di dalam pernikahan kita harus saling mengerti satu sama lain.

결혼을 하면 서로를 이해해야 한다.

04 BAU BAU BAU
독특한 향기

Projek Pop

D
G
ke tek   bau bau lu ba u   ke tek   ke ka sih ku
께 떽   바우 바우 루 바 우   께 떽   끄 까 시흥 꾸

Em
C
kau pun   tam pan   kau ju ga ba   ik   dan
까우 뿐   땀 빤   까우 주 가 바   익   단

D
G
kau ka ya   ra jin men jem put   ra jin men
까우 까 야   라 진 믄 쯤 뿟   라 진 믄

Em
C
D
ja hit   ku cin ta   kau   wa lau di ri
자 힛   꾸 찐 따   까우   왈 라우 디 리

G
Em
mu   bau bau bau lu ba   u ke tek   bau bau lu ba
무   바우 바우 바우 루 바   우 께 덱   바우 바우 루 바

C
u ka ki   bau bau lu ba   u ka ki   bau bau lu ba
우 까 끼   바우 바우 루 바   우 까 끼   바우 바우 루 바

D
G
u ka ki   bau bau bau   lu ba u ji gong   bau bau
우 까 끼   바우 바우 바우   루 바 우 지 공   바우 바우

Em
lu ba u ji gong bau bau lu ba u ji gong bau bau
루 바 우 지 공 바우 바우 루 바 우 지 공 바우 바우
C
D
lu ba u ji gong bau bau bau lu ba u ta nah
루 바 우 지 공 바우 바우 바우 루 바 우 따 나ㅎ
G
Em
bau bau lu ba u ta nah bau bau lu ba u ta nah
바우 바우 루 바 우 따 나ㅎ 바우 바우 루 바 우 따 나ㅎ
C
bau bau lu ba u ta nah
바우 바우 루 바 우 따 나ㅎ
D

BAU BAU BAU

독특한 향기

Projek Pop

Kekasihku, kau memang cantik
나의 사랑 너는 너무 예뻐

Dan kau **seksi** dan kau **lincah**
너는 섹시하고 발랄해

Dan kau lucu **kadang-kadang**
그리고 너는 가끔 귀여워

Kucinta kau **walau** dirimu...
나는 당신만을 사랑해

Reff I:

Bau bau bau lu bau **ketek**
냄새 나…냄새 나… 겨드랑이 냄새 나…

Bau bau lu bau ketek
냄새 나…냄새 나… 겨드랑이 냄새 나…

Bau bau lu bau ketek

냄새 나…냄새 나… 겨드랑이 냄새 나…

Bau bau lu bau ketek

냄새 나…냄새 나… 겨드랑이 냄새 나…

Reff I

Kekasihku, kau **pun** tampan

자기야, 당신은 잘생겼을 뿐 아니라

Kau juga baik dan kau kaya

착하고 돈도 많지

Rajin menjemput, rajin menjahit

너는 부지런하고 내게도 잘해주지

Ku cinta kau walau dirimu...

나는 당신만을 사랑해

Reff II:

Bau bau bau lu bau kaki

냄새 나… 냄새 나… 발 냄새 나…

Bau bau lu bau kaki

냄새 나… 냄새 나… 발 냄새 나…

Bau bau lu bau kaki

냄새 나… 냄새 나… 발 냄새 나…

Bau bau lu bau kaki

냄새 나… 냄새 나… 발 냄새 나…

Kembali ke : Reff II

Bau bau bau lu bau **jigong**

냄새 나… 냄새 나… 입 냄새 나…

Bau bau bau lu bau **tanah**

냄새 나… 냄새 나… 땀 냄새 나…

Bau bau bau lu bau **menyan**

냄새 나… 냄새 나… 향료 냄새 나…

Bau bau bau lu bau **jempol**

냄새 나… 냄새 나…엄지손가락 냄새 나

Bau bau bau lu bau **terasi**

냄새 나… 냄새 나… , 인도네시아 젓갈 냄새 나

Bau bau bau lu bau **bawang**

냄새 나… 냄새 나 마늘 냄새 나

Bau bau bau lu bau **sapi**

냄새 나… 냄새 나 소똥 냄새 나

A. Seksi = 섹시한

Meskipun banyak makan, Tia masih saja seksi.
티아는 많이 먹어도 여전히 섹시해요.

B. Lincah = 활동적인

1. Dia lincah sekali, bak rusa. 그녀는 사슴처럼 활발하다.

C. Kadang-kadang = 가끔씩

1. Kadang-kadang saya ingin sendiri.
   가끔은 저는 혼자 있고 싶다.
2. Kadang-kadang makanan di kantin cnak, tapi scring kali
   tidak enak. 매점 음식은 가끔 맛이 있지만 거의 항상 맛이 없다.

D. Walau = 만약 ~라면

1. Walau Kris suka mendua kamu masih suka bersamanya?
   크리스가 거짓말을 잘 하는 사람이라고 해도 계속 그와 함께 있고 싶니?
2. Walau saya tinggal di Surabaya, saya sering ke Jakarta
   untuk bisnis.
   저는 수라바야에 살고 있지만 종종 비즈니스를 위해 자카르타에 간다.

E. Ketek = 겨드랑이

F. Pun = 그래도

1. Jangankan remaja, ibu-ibu muda pun mengagumi bintang film Korea yang tampan itu.

청소년뿐 아니라 젊은 어머니들도 한국의 멋진 배우를 감상한다.

G. Rajin = 부지런한

H. Jigong = 이빨에 끼는 노란 이물질

I. Tanah = 땅

J. Menyan = 향나무 일종

K. Jempol = 엄지

L. Terasi = 젓갈

M. Bawang = 마늘 ; 양파

N. Sapi = 소

Madu Dan Racun

꿀과 독

Arie Wibowo

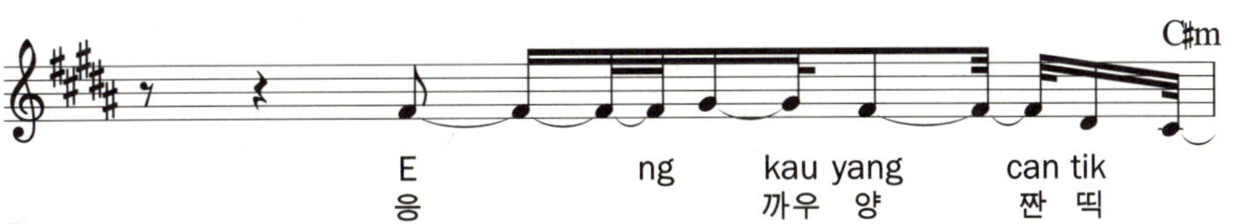

45

di ba lik ke me lut mu
디 발 릭끄 믈 롯 무
di re mang ka but mu di
디 르 망 가 붓 무 디
ta bir me ga me ga mu
따 비르 메 가 메 가 무
ku me li hat du a ta ngan
꾸 믈 리 핫 두 아 땅 안
di ba lik pung gung mu ma
디 빨 릭 뽕 궁 무 마
du di ta ngan ka nan mu ra
두 디 땅 안 까 난 무 라
cun di ta ngan ki ri mu
쭌 디 땅 안 끼 리 무

a ku tak ta
아 꾸 딱 따
C#m
u ma na yang a kan
우 마 나 양 아 깐
F#
kau bri kan pa da ku
까우 브리 깐 빠 다 꾸
B
a ku tak ta
아 꾸 딱 따
C#m
u ma na yang a kan
우 마 나 양 아 깐
F#
ka u be ri kan pa da ku
까 우 브 리 깐 빠 다 꾸
B

Madu Dan Racun
꿀과 독

Arie Wibowo

Engkau yang cantik
예쁜 당신

Engkau yang manis
귀여운 당신

Engkau yang manja
사랑스러운 당신

Selalu tersipu
항상 부끄러워요

Rawan sikapmu
염려스러운 당신의 태도

Di balik kemelutmu
당신의 위기 뒤에

Di remang kabutmu
당신의 어두운 분위기

Di tabir mega-megamu
당신의 인기의 뒤에

Ku melihat dua tangan
두 손이 보여요

Di balik punggungmu
당신의 등 뒤에

[Chorus:]

Madu di tangan kananmu
오른손에 꿀이 있고

Racun di tangan kirimu
왼손에 독이 있고

Aku tak tahu mana yang akan kau berikan padaku
당신이 나한테 어떤 것을 줄 지 잘 모르겠어

A. Cantik = 예쁘다 ; 아름답다

B. Engkau = 당신

C. Yang = 어느 ; 단어 혹은 문장의 수식어

D. Manis = 달다 ; 귀여운

1. Permen itu rasanya manis. 그 사탕은 달다.
2. Anak itu manis sekali.

   그 아이는 너무 귀엽다.
3. Astrid adalah gadis yang manis.

   아스트릿은 귀여운 소녀이다.

E. Manja = 버릇 없는 ; 어리광을 피우는

1. Dasar anak manja.

   너는 마마보이야.
2. Jangan terlalu memanjakan Dita dong, Bu.

   어머니, 디타를 너무 귀여워하지 마세요.

F. Selalu = 항상

Dia selalu terlambat masuk kelas.

그는 수업에 항상 늦는다.

G. Tersipu = 아주 부끄러워하는

1. Karena dipandangi terus Elisa menjadi tersipu malu.

   계속 쳐다보는 시선 때문에 엘리사는 부끄러웠다.

2. Tersipu-sipu ia menanggapi pujian dari cowok yang ganteng itu.

   그녀는 그 남자의 칭찬에 급하게 대답했다.

H. Sikap = 태도 ; 행동

Dilihat dari sikapnya kepada pengemis itu menunjukkan bahwa dia orang yang sok.

그녀가 거지를 대하는 태도를 봤을 때 그녀는 거만한 사람같아 보인다.

I. Kemelut = 위기상태 ; 긴장상태

Didalam kemelut pun kamu harus bisa tegar.

너는 위기에 처했을 때 단호해야 한다.

J. Remang = 어두운 ; 침침한

Bagaimana bisa belajar dengan lampu yang remang-remang begini?

어떻게 이렇게 흐린 빛으로 공부를 합니까?

K. Kabut = 희미한 ; 침침한

1. Saya tidak bisa menyetir dengan santai karena kabut yang tebal ini.

   짙은 안개 때문에 여유롭게 운전 할 수 없었다.

2. Ia kalang kabut karena harus segera check out dalam waktu 15 menit.

   15분만에 체크아웃해야 해서 그는 급해졌다.

L. Tabir = 장막 ; 칸막이

M. Mega-mega = 큰 ; 넓은

N. Madu = 꿀

O. Racun = 독

Racun ini sangat mematikan.

이 독은 너무 치명적이다.

06 Singkong dan Keju

카사바와 치이즈

Ari Wibowo

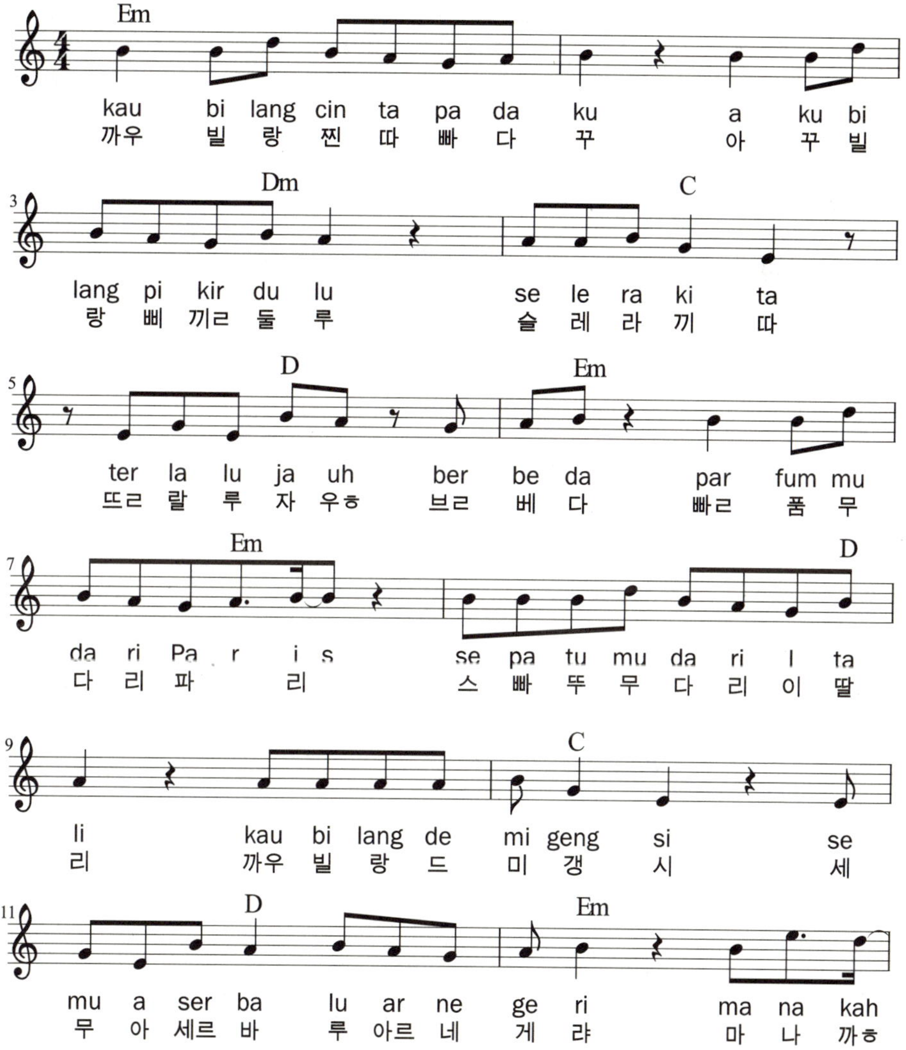

Am   D   Em
mung kin   me ngi ku ti ca ra mu
뭉 낀   등 이 꾸 띠 짜 라 무

D   G
yang pe nuh hu ra hu ra   a ku su ka Jai
양 쁘 누흥 후 라 후 라   아 꾸 수 까 자이

C   D   G   G
pong   kau su ka Dis ko oh   oh   oh   a
뿡   까우 수 까 디스 꼬 오   오   오   아

C   D   G
ku su ka Sing kong   kau su ka Ke ju oh oh
꾸 수 까 싱 꽁   까우 수 까 께 쭈 오 오

Em   D
oh   a ku dam ba   ka n   se o rang ga
오   아 꾸 담 바   깐   스 오 랑 가

C   B   C   D
di s yang se der ha na   a ku i n i   ha nya
디스 양 느 드르 하 나   아 꾸 이 니   한 야

Em   C   D   Em
a nak sing kong   a ku   ha nya   a nak sing kong
아 낙 싱 꽁   아 꾸   한 야   아 낙 싱 꽁

Singkong dan Keju

카사바와 치이즈

Ari Wibowo

Kau bilang cinta padaku
너는 내게 사랑을 말했지

Kalau ku bilang **pikir dulu**
만일 내가 먼저 생각해 볼게라고 말했다면

Selera kita
우리의 욕망은

Terlalu jauh berbeda
너무 많이 달라

(2)

Parfum mu dari Paris
너의 향수는 파리에서

Sepatu mu dari Italy
너의 구두는 이탈리아에서

Kau bilang demi gengsi
니 자존심을 위해서지

Semua serba luar negeri
모두 모두 외국

Manakah mungkin mengikuti caramu
어떻게 네 방법을 따를 수 있을까

Yang penuh **hura-hura**
기쁨으로 가득찬

(korus)

Aku suka **jaipong** kau suka disko
나는 자이뽕을 좋아하고 너는 디스코를 좋아하고

Oh oh oh oh
오 오 오 오

Aku suka singkong kau suka keju
나는 카사바를 좋아하고 너는 치즈를 좋아하고

Oh oh oh oh
오 오 오 오

Aku dambakan seorang gadis yang sederhana
나는 평범한 소녀가 그리워

Aku ini hanya anak singkong
나는 단지 카사바 아이야

Aku hanya anak singkong
나는 단지 카사바 아이야

단 어

A. Pikir dulu = 먼저 생각해 봅시다

Pikir-pikir dulu sebelum memutuskan sesuatu.

어떤 것을 결정하기 전에 먼저 생각을 해야 한다.

B. Selera = 의욕 ; 취양

1. Selera nusantara. 군도 사람들의 식욕.
2. Sate itu masakan Indonesia yang paling cocok untuk selera orang Korea.

   사떼는 한국인들의 취향에 가장 잘 맞는 인도네시아 음식이다.

C. Demi = ~을 위하여

1. Demi menghidupi adik-adiknya Tina bekerja 7hari seminggu.

   동생들을 먹여 살리기 위해서 티나는 일주일 내내 일을 한다.
2. Aku rela mati untukmu.

   나는 너를 위해서 죽을 수도 있어.

D. Gengsi = 명성 ; 자존심

1. Gengsi ah kalau ketahuan ibu-ibu tetangga.

   다른 아줌마들이 알면 부끄러워요.

2. Dia suka beli barang-barang bermerek demi gengsi.

그녀는 위신을 세우기 위해서 명품을 사는 것을 좋아한다.

1. Fasilitas di universitas ini serba modern.

이 대학 시설은 모두 현대적입니다.

2. Barang-barangnya serba luar negeri. 그의 것은 모두 외국 것이다.

Pemerintah sangat mendukung perdagangan luar negri.

정부는 국제적인 무역을 강력하게 지원한다.

1. Jangan suka berhura-hura gunakan uangmu sebaik mungkin.

돈을 함부로 쓰지 마세요.

2. Dia jatuh miskin karena di masa mudanya ia suka berhura-hura sepanjang hari.

그는 젊었을 때 하루 종일 (쉬어서 / 여기 저기 다녀서 / 돈을 다 써 버려서) 지금은 가난해졌다.

07 Kugadaikan cintaku

내 사랑을 저당잡혔네

Gombloh

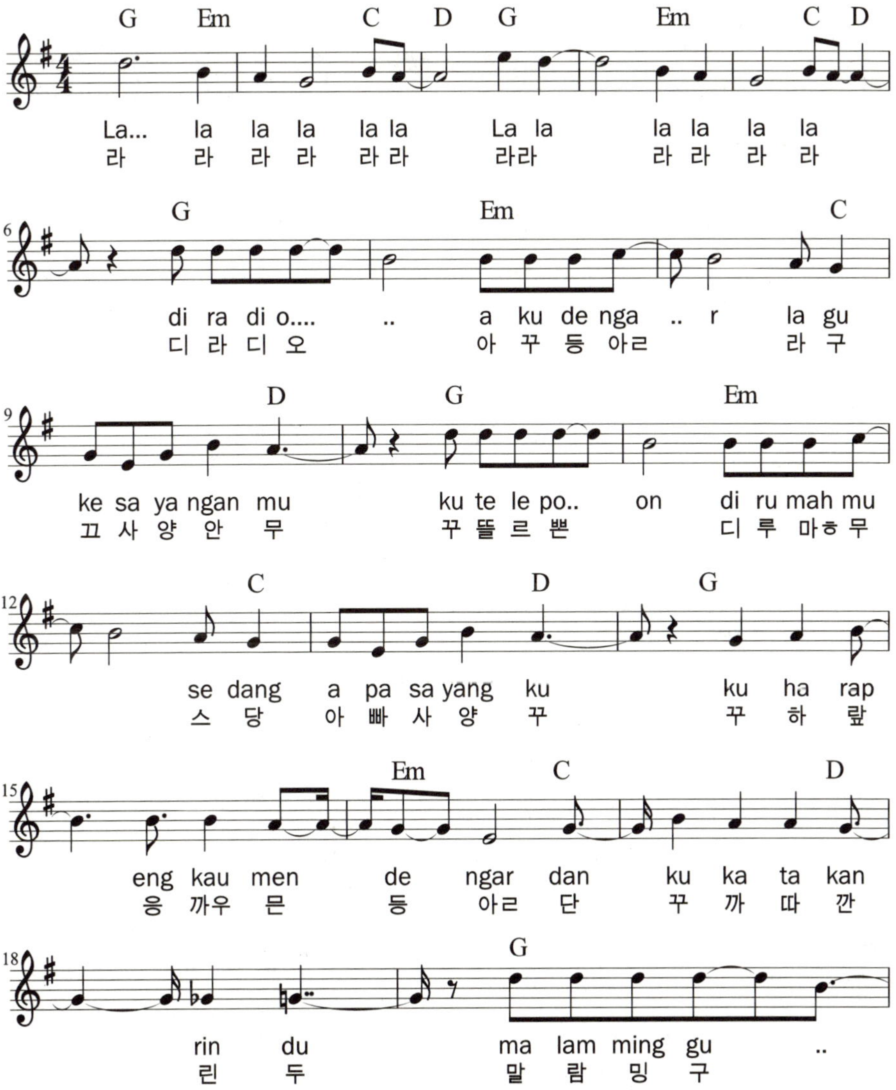

pu kul tu juh .. .. a ku ru mah mu
뿌 꿀 뚜 주흥 아 꾸 루 마흐 무

ku ber si ul .. dan ber nya nyi ..
꾸 브르시 울 단 브르 냐 니

mem ba yang kan di ri mu ku ha rap
믐 바 영 깐 디 리 무 꾸 하 랖

eng kau men de ngar dan ku ka ta kan
응 까우 믄 등 아르 단 꾸 까 따 깐

rin du La... la la la la la La la la la
린 두 라 라 라 라 라 라 라 라 라 라

la la la te ta pi mim pi a pa a
라 라 라 뜨 따 삐 밈 삐 아 빠 아

ku se ma lam me li hat eng kau ber du
꾸 스 말 람 믈 리 핫 응 까우 브르 두

G G Em
a.. .. ber can da mes ra de ngan se o rang
아 브르 짠 다 므스 라 등 안 스 오 랑
C
pri a kau ci um kau pe luk
쁘리 아 까우 찌 움 까우 뿔 룩
G Em C
di ra di o.... .. a ku de nga .. r la gu ke
디 라 디 오 아 꾸 등 알 라 구 끄
D G Em
sa ya ngan mu ku tu tu pi ... te li nga ku
사 양 안 무 꾸 뚜 뚜 삐 뜰 링 아 꾸
C D G
.. de ngan kdu a ta ngan ku bi ar lah
등 안 끄두 아 땅 안 꾸 비 아르 라ㅎ
Em C D
ce pat ber la lu dan ku ga dai kan
쯔 빳 브르 랄 루 단 꾸 가 다이 깐
G
cin ta ku
찐 따 꾸

Kugadaikan cintaku
내 사랑을 저당잡혔네

Gombloh

Di radio aku dengar lagu **kesayangan**mu
라디오에서 네가 좋아하는 노래를 들었어

Kutelepon di rumahmu sedang apa sayangku
내 연인은 지금 무얼하는지 너의 집에 전활했지

Kuharap engkau mendengar
네가 전화를 받길 바랬어

Dan kukatakan rindu
그리고 난 그립다고 말하려 했지

Malam minggu pukul tujuh aku **apel** di rumahmu
토요일밤 7시에 나는 너의 집에서 데이트하려고 했어

Ku**bersiul** dan bernyanyi membayangkan dirimu
너를 그리면서 휘파람 부르며 노래하고

Bercanda dan **bercumbu** duduk **berdua** denganmu
너와 둘이 앉아 장난치며 기쁨을 누리고

Tetapi mimpi apa aku **semalam**
하지만 지난 밤 내 꿈은 무얼까

Kulihat engkau duduk berdua
네가 다른 남자와 단둘이 앉아

Bercanda mesra dengan seorang pria
사랑의 장난을 치고 있었지

Kau cubit kau peluk kau cium
너는 꼬집고, 껴안고, 키스를했어

Di radio aku dengar lagu kesayanganmu
라디오에서 너의 사랑 노래를 들었네

Kututupi telingaku dengan dua tanganku
내 두 손으로 귀를 막았네

Biarlah cepat berlalu dan ku**gadaikan** cintaku
빨리 지나가라 그리고 내 사랑을 저당잡혔네

Ku**gantungkan** cintaku yeee...
내 사랑을 걸었네 예…

Kugadaikan cintaku
내 사랑을 저당잡혔네

A. Kesayanganmu = 좋아하는 것 ;
Kata Dasar = sayang: 사랑스러운 ; 자기

1. Molia adalah anjing kesayanganku.

   몰리아는 제가 사랑하는 강아지이다.

2. Sayang jangan begitu dong.

   자기야 그렇게 하지 마.

B. Malam Minggu = 토요일 밤

Pada waktu malam minggu taman ini dipenuhi anak-anak muda.

토요일 밤에는 이 공원이 젊은 사람들로 가득해요.

C. Apel = 데이트

1. Apel di Indonesia ada bermacam-macam. Ada yang yang hijau, ada yang merah.

   인도네시아에는 여러가지 종류의 사과가 있다. 녹색 사과도 있고 빨간색 사과도 있다.

2. Setiap Jumat dan Sabtu malam dia selalu apel kerumah pacarnya.

   그는 금요일과 토요일 밤마다 여자친구의 집에 데이트를 하러 온다.

D. Bersiul = 휘파람을 볼다 ;
Kata Dasar = siul: 휘파람 소리 ; 새 울음소리

Dia bersiul-siul kegirangan.

그는 기쁘게 휘파람을 분다.

E. Bercumbu = 농담하다 ; 서로 밀어를 속삭이다 ;
Kata Dasar = cumbu: 감언 ; 아첨

Mereka bercumbu ria.

그들은 가볍게 키스를 한다.

F. Berdua = 단둘이 ; Kata Dasar = dua: 둘

1. Mereka pergi berdua saja.

   그들은 둘이서만 간다.

2. Tim ini hanya untuk berdua.

   이 팀은 두 명으로만 구성된다.

G. Semalam = 하룻밤 ; Kata Dasar = malam: 밤

1. Mimpi apa kamu semalam?

   너는 어젯밤에 무슨 꿈을 꿨어요?

2. Saya begadang semalaman.

   저는 어젯밤에 잠을 못 잤어요.

H. Bercanda = 농담하다 ; Kata Dasar = canda: 농담

Jangan bercanda melulu, kerja yang serius sana.
계속 장난치지 말고 열심히 일하렴.

I. Mesra = 친밀한

Mereka berpegangan tangan dengan mesranya.
그들은 친밀하게 손을 잡는다.

J. Kugadaikan = Kata Dasar = gadai: 저당물 ; 담보

Karena bangkrut, ia menggadaikan mobilnya.
파산하는 바람에 그 사람은 차를 팔았다.

K. Kugantungkan = Kata Dasar = gantung: 매달려 있는

08 DESAKU
나의 시골

Ibu Sud

DESAKU
나의 시골

Ibu Sud

Desaku yang kucinta
내가 사랑하는 나의 고향

Pujaan hatiku
나의 애인

Tempat ayah dan bunda
아버지와 어머니의 장소

Dan handai taulanku
그리고 나의 친구들

Tak mudah kulupakan
잊기는 쉽지 않아

Tak mudah bercerai
헤어지기가 쉽지 않아

Selalu kurindukan
나는 늘 그리워

Desaku yang permai
아름다운 나의 고향

단어

A. Pujaan hati = 자식 ; 애인

1. Dia adalah pujaan hatiku.
   그 사람은 저의 사랑입니다.

B. Bunda = 어머니

1. Bunda, Lia kangen dengan bunda.
   엄마, 리아는 엄마를 보고 싶다.
2. Bunda Maria. 성모 마리아.

C. Handai taulan = 동무 ; 친구

Semua handai taulanku ada di kampong.
우리 가족은 다 고향에 있다.

D. Yang = 단어 혹은 문장의 수식어

E. Permai = 아름다운

09 Nyiur Hijau
야자나무

Maladi

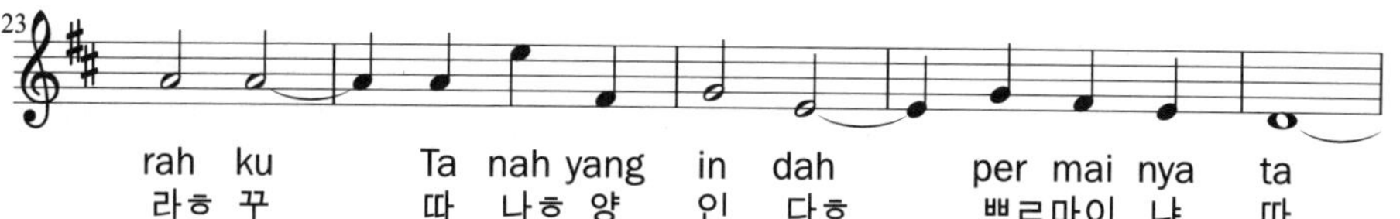

rah ku
라ㅎ 꾸
Ta nah yang in dah
따 나ㅎ 양 인 다ㅎ
per mai nya ta
쁘르마이 냐 따

Nyiur Hijau
야자나무

Maladi

Nyiur hijau **Di tepi pantai**
해변가의 푸른 야자나무

Siar siur daunnya melambai
잎사귀들이 흩날리고

Padi mengembang, Kuning **merayu**
논은 넓어지고 금빛이 장관을 이루네

Burung burung Bernyanyi gembira
새들은 기쁨의 노래를 하네

Tanah airku Tumpah darahku
나의 조국 내가 태어난곳

Tanah yang subur Kaya makmur
번영이 가득한 비옥한 땅

Tanah airku Tumpah darahku
나의 조국 내가 태어난 곳

Tanah yang kaya Pernah nyata
진실로 가장 부유한 나라

A. Tepi = 가장자리

1. Di tepi pantai banyak terdapat kerang.
   바닷가에 대합이 많이 있다.
2. Hati-hati, jangan berjalan di tepi jalan.
   조심하세요. 길가에서 걷지 마세요.

B. Siar-siur = 쌩쌩 불다

C. Merayu = 동정심을 갖다 ; Kata Dasar = rayu: 동정심을 가진

1. Dia suka merayu laki-laki.
   그녀는 남자들을 꼬시는 것을 좋아한다.
2. Rayuannya tidak mempan karena ia adalah lelaki yang sejati.
   그는 좋은 남자라서 여자의 아첨에 듣지 않는다.

D. Kaya makmur = 부자

Hidupnya kaya makmur setelah sahamnya terjual.
그 사람은 투자한 것을 팔아서 부자가 되었어요.

10 Bintang Kecil
작은 별

R.A.C

Bintang Kecil

작은 별

R.A.C

Bintang kecil, di langit yang tinggi
작은 별이 높은 하늘에 있다

Amat banyak, **menghias** angkasa
많은 별들이 하늘을 장식해요

Aku ingin, terbang dan menari
나는 날고 싶고 춤을 추고 싶다

Jauh tinggi ke tempat kau **berada**
당신이 있는 곳은 너무 높고 멀어요

A. Menghias = Kata Dasar = hias: 치장하다 ; 장식하다

Anak-anak kelas 4A sedang sibuk menghias kelas untuk perayaan Idul Fitri di sekolah.

이 둘피트리이란 명절 때문에 4A반 학생들이 교실을 장식하느라 분주하다.

B. Jauh = 멀다

Jauh di mata, dekat di hati.

멀리 떨어져 있어도 마음은 가까이 있다.

C. Berada = 있다 ; 살다

Peti emas itu berada di dasar laut.

그 보물상자가 해저에 있다.

11 Balonku
나의 풍선

AT Makmud

Balonku
나의 풍선

AT Makmud

Balonku ada lima
나는 풍선이 다섯 개

Rupa-rupa warnanya
여러 가지의 색깔이죠

Hijau, kuning, kelabu
녹색 노란색 회색

Merah muda dan biru
분홍색과 푸른색

Meletus balon hijau DOR!
녹색 풍선이 터졌다 …팡

Hatiku sangat **kacau**
내 마음은 너무 혼란스럽다

Balonku **tinggal** empat
풍선은 네 개 남았다

Kupegang erat-erat
나는 꽉 잡을 거에요

A. Rupa-rupa = 여러 가지, 다양한 ;
Kata Lain = macam-macam ; berbagai macam.

Lihat kue-kue ini, rupa-rupa warna dan bentuknya.

이 케이크들을 봐요. 색과 모양이 다양하다.

B. Meletus = 분출하다

1. Gunung Semeru itu kemarin baru saja meletus.

   어제 스메루 화산이 폭발했다.

2. Letusan kembang api itu membuat orang-orang terpana.

   그 불꽃놀이에 가 본 사람들은 놀라워했다.

C. Kacau = 난폭한 ; 문란한 ; 지저분한, 엉망인

Pertunjukkannya menjadi kacau karena ulah preman itu.

저 깡패가 한 짓 때문에 그의 공연이 엉망이 되었다.

D. Tinggal = 살다 ; 숙박 ; 머물다 ; 너머다

1. Saya tinggal di Semarang.

   저는 스마랑이라에 거주한다.

2. Rumahnya kebakaran semalam, yang ada tinggal puing-
puing saja.

어젯밤에 그의 집은 전소되었으며 남아있는 것은 파편 밖에 없다.

3. Ayo, cepat pergi nanti kamu ditinggal lho!

얼른 가, 너를 버리고 가면 어떡해!

E. Pegang = 손, 팔 등으로 잡고 있다 ; 받치다

1. Pegangan yang kuat, mobil kita mau jatuh ke jurang.

우리 차가 낭떠러지로 떨어질 것 같으니까 꽉 잡으세요.

2. Jangan terlalu boros, kita harus selalu ada uang pegangan
untuk hal-hal darurat.

돈을 낭비하지 마세요, 우리는 급한 일이 생길 수 있으니까요. 그래서
항상 돈은 있어야 돼요.

12 Naik Kereta Api

기차를 타다

Ibu Sud

Naik Kereta Api
기차를 타다

Ibu Sud

Naik kereta api ... tut ... tut ... tut
기차를 타다… 칙칙 폭폭 칙칙 폭폭 칙칙 폭폭

Siapa **hendak turut**
누구 같이 탈래…

Ke Bandung ... Surabaya
반둥으로… 수라바야…

Bolehlah naik dengan **percuma**
공짜로 타도 돼요

Ayo temanku **lekas** naik
친구야 빨리 타

Keretaku tak berhenti lama
내 기차는 오래 멈추지 않아

Cepat keretaku jalan ... tut ... tut ... tut
기차가 곧 출발하려고 해요 칙칙 폭폭 칙칙 폭폭

Banyak **penumpang** turut

승객들이 많이 있죠

Keretaku sudah **penat**

기차는 이미 힘들어요

Karena beban **terlalu** berat

너무 무거워서

Di sinilah ada stasiun

여기는 역이에요

Penumpang semua turun

자 승객들은 내리세요

단 어

A. Hendak = 하려는

Hendak kemana kau? Jangan pergi jauh-jauh. Tuan putri sedang mencarimu.

너 어디 가니? 멀리 가지 마. 공주님이 너을 찾고 있잖아.

B. Turut = 가입 ; 참여 ; (…의 뒤를) 따라가다

1. Aku turut berduka cita.

   삼가 고인의 명복을 빕니다.

2. Turuti saja apa kata Pak Direktur.

   그냥 사장님이 말씀하신 대로 하세요.

C. Bolehlah = 할 수 있다 ; 가능합니다 ; 해도 됩니다 ; Kata Lain = Boleh: 할 수 있다

D. Dengan = ～ 함께

Jangan bermain dengan api.

불을 가지고 놀지 마세요.

E. Percuma = 쓸모없는

Percuma saja kau berpura-pura, kami sudah mengerti betul perilakumu.

우리는 네 행동을 잘 알고 있으니까 네가 착한 척 하는 건 소용 없다.

Percuma mengejar kereta itu, kita sudah ketinggalan jauh.

그 기차가 벌써 출발했으니까 우리가 쫓는 건 필요없다.

F. Lekas = 당장

Ayo lekas pulang.

자 지금 당장 집에 갑시다.

G. Penumpang = 승객

Para penumpang di harapkan tenang. Ini bukan guncangan yang berbahaya.

이것은 위험한 흔들림이 아니므로 승객들은 안심하시길 바랍니다.

H. Penat = 피곤한

Mari kita berhenti disini untuk melepas penat?

피곤을 없애기 위해서 우리 여기에서 잠시 멈출까요?

I. Karena = ~때문에

Karena terburu-buru, pekerjaannya menjadi tidak karu-karuan.

하던 일은 급하게 처리해서 대충 끝났다.

J. Terlalu = 너무하다

Karena terlalu baik, ia malah dimanfaatkan oleh orang-orang disekitarnya.

주변 사람들은 그가 착하기 때문에 그를 용서했다.

13 Kasih Ibu

엄마의 사랑

SM Mochtar

Kasih Ibu
엄마의 사랑

SM Mochtar

Kasih ibu,
엄마의 사랑

Kepada **beta**
나에게

Tak terhingga sepanjang masa
셀 수 없다… 영원히

Hanya memberi,
그냥 주는거야

Tak **harap** kembali,
대가를 바라지 않고

Bagai sang surya, **menyinari** dunia.
해처럼, 지구를 비추는 것

A. Beta = 저는 ; 나는

Beta sangat merindukanmu.

저는 당신을 매우 그립다.

B. Terhingga = 무한대

Kasih seorang ibu kepada anaknya tidak terhingga.

아이에 대한 엄마의 사랑은 끝이 없다.

C. Sepanjang = Kata Dasar = panjang : 길다

Di sepanjang jalan ini banyak terdapat kedai kopi.

이 거리를 따라서 커피숍이 많다.

D. Masa = 기간

1. Masa remaja adalah masa yang tak terlupakan.

   젊은 시절은 잊을 수 없는 시절이다.

2. Masa sih dia dibesarkan di kampung yang kumuh itu?

   설마 저런 불결한 곳에서 그 사람이 자란 거에요?

E. Harap = 바라다 ; 희망

1. Harapannya hilang sudah.

   그 사람은 희망은 이미 사라졌다.

2. Aku berharap kita selalu berteman sampai tua.

   나는 우리가 나이를 먹은 뒤에도 계속 친구로 지내기를 바란다.

F. Sang surya = 해

Sang surya menyinari dunia.

지구에 태양이 비친다.

G. Menyinari = 비추다 ; Kata Dasar = sinar : 빛

Lihat sinar matahari sudah muncul.

저기 봐요. 해가 벌써 떴다.

14 Kebunku
나의 정원

Kebunku

나의 정원

Ibu Sud

Lihat kebunku
나의 정원을 보세요

Penuh dengan bunga
꽃으로 가득 찼어요

Ada yang putih,
흰색도 있고

Dan ada yang merah
빨간색 도 있어요

Setiap hari
매일 매일

Kusiram semua
나는 모두에게 물을 줘요

Mawar melati,
장미 자스민

Semuanya indah!
모두 아름다워요

단 어

A. Siram = 살수, 관수, 급수, 배수구(가 있는 늪)

Titi rajin sekali, pagi-pagi sekali ia bangun menyirami kebunku.

띠띠는 정말 부지런하다. 그녀는 아침 일찍 일어나서 나의 마당에 물을 준다.

Jangan lupa menyirami tanaman setiap hari.

매일 식물에게 물주는 것을 잊지 마렴.

B. Mawar = 장미

Sewaktu ulangtahunku Jimmy memberikanku bunga mawar

나의 생일에 지미에게서 장미꽃을 주었다.

C. Melati = 자스민 꽃

15 Naik Delman
델만을 타다

Naik Delman
델만을 타다

GAN

Pada Hari Minggu ku **turut** ayah ke kota
일요일에 아빠를 따라 시내에 갔죠

Naik delman **istimewa** ku duduk di muka
특별히 델만으로 타고 나는 앞에 앉았죠

Ku duduk samping pak kusir yang sedang bekerja
일하고 있는 델만 기사 옆에 앉아 있었다

Mengendarai kuda **supaya** baik jalannya
잘 가도록 말을 이끌어요

Tuk-tik-tak-tik-tuk tik-tak-tik-tuk tik-tak-tik-tuk
뚝 띡 딱 띡 뚝띡 딱 띡 뚝 띡 딱 띡 뚝 (말 소리)

Tuk-tik-tak-tik-tuk tik-tak suara **s'patu** kuda
뚝 띡 딱 띡 뚝 띡 딱 말의 발굽 소리가 난다

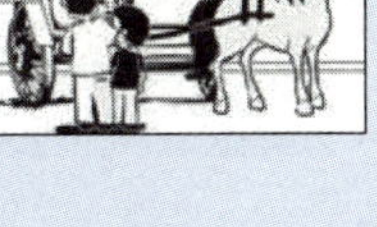

95

A. Turut = 가입 ; 참여 ; (···의 뒤를) 따라가다

Saya turut berduka cita atas kepergian ibumu.

저는 당신의 어머니께서 돌아가신 것에 삼가 명복을 빕니다.

B. Istimewa = 특혜의 ; 특별한

Saya merasa istimewa sekali karena Budiono pacarku selalu memberi perhatiannya kepadaku.

저는 내 애인인 부디오노가 그의 관심을 항상 나에게 주기 때문에, 내가 매우 특별하다고 느낀다.

Masakan lebih enak karena bahan-bahan masakannya lebih bervariasi, namanya saja nasi goreng istimewa.

음식의 재료들이 다양하기 때문에, 음식이 더 맛있으며 이름 또한 '특별 볶음밥' 이다.

C. Supaya = 그래서

Supaya tidak lupa, tulislah jadwalmu di buku kecil ini.

잊지 않도록 네 일정을 이 수첩에 적어라.

D. S'patu = 신발 ; Kata Dasar = sepatu: 신발

16. Naik naik ke puncak gunung
올라가다 올라가다 산꼭대기까지

Ibu Sud

97

Naik naik ke puncak gunung
올라가다 올라가다 산꼭대기까지

Ibu Sud

Naik - naik, ke puncak gunung
올라가다 올라가다 산꼭대기까지

Tinggi - tinggi sekali
매우 높다

Naik - naik, ke puncak gunung
올라가다 올라가다 산 꼭대기까지

Tinggi - tinggi sekali
매우 높다

Kiri - kanan kulihat saja
왼쪽 오른쪽 구경하고

Banyak pohon cemara
전나무가 많다

Kiri - kanan kulihat saja
왼쪽 오른쪽 구경하고

Banyak pohon cemara
전나무가 많다

단 어

A. Ke = ~으로 ; ~로

B. Puncak = 피크, 정상

C. Gunung = 산

Pelangi

무지개

AT Mahmud

Pelangi
무지개

AT Mahmud

Pelangi pelangi
무지개 무지개

Alangkah indahmu
네 아름다움은 놀라워

Merah, kuning, hijau
빨강 노랑 초록

Di langit yang biru
파란 하늘에 있지

Pelukismu **Agung**, siapa **gerangan**
어떤 위대한 화가가 이렇게 아름답게 그렸을까

Pelangi, pelangi, ciptaan Tuhan!
무지개 무지개 하나님의 선물

A. Pelukis = 화가

Cita-citanya adalah sebagai pelukis.

그의 꿈은 화가이다.

B. Agung = 큰 ; 위대한

Karena pengorbanannya bagi anak-anak kecil yang sakit dan menderita, nama Isni menjadi agung.

희생자들이 아프고 고통받는 어린 아이들이었기 때문에, 이스니의 이름은 아궁이 되었다.

C. Gerangan = 어쩌면 ; 도대체 ; 아마도 ;
Kata Dasar = gerang : 어쩌면 ; 아픈 소리

Ada apa gerangan kenapa mukamu murung sekali.

무슨 일이야, 네 얼굴이 왜 그렇게 언짢니.

18 Ulang Tahun

생일 축하합니다

Adikarso

Ulang Tahun
생일 축하합니다

Adikarso

Panjang umurnya .. panjang umurnya
오래 오래 살아 오래오래 사세요

Panjang umurnya ... **serta mulia**
오래 살면서 존경받으며

Serta mulia ... serta mulia
존경 받으면서 존경 받으면서

Panjang umurnya .. panjang umurnya
오래 살아요 오래 사세요

Panjang umurnya ... serta mulia
존경 받으면서 존경 받으면서

Serta mulia ... serta mulia
존경 받으면서 존경 받으면서

Selamat ulang tahun
생일 축하합니다

Kami **ucapkan**
우리가 인사 드려요

Selamat panjang umur kita **kan** doakan
오래 살도록 기도할게요

Selamat sejahtera **sehat sentosa**
항상 건강하고 평온하게 사세요

Selamat panjang umur dan bahagia
오래 살고 행복하기를 바랍니다

Selamat ulang tahun kami ucapkan
우리는 생일 축하인사를 드려요

Selamat panjang umur kita kan doakan
오래 살도록 기도할게요

Selamat sejahtera sehat sentosa
항상 건강하고 평온하게 사세요

Selamat panjang umur dan bahagia
오래 살고 행복하길 바랍니다

Selamat panjang umur dan bahagia
오래 살고 행복하기를 바랍니다

A. Panjang Umur = 오래 살다

Semoga panjang umur dan diberkati Tuhan.
오래오래 장수하시고 신의 은총이 있으시기를 바랍니다.

B. Serta = ~함께 ; 같이

Olia, Elisa serta Astrid pergi bersama ke Dunia Fantasi.
올리아, 엘리사 그리고 아스뜨릿는 함께 두니아 판타지로 간다.

C. Mulia = 고귀한 ; 고상한

Hatinya sangat mulia seperti malaikat.
그의 마음은 천사처럼 매우 숭고하다.

D. Ucapkan = 말하다 ; Kata Dasar = ucap : 말하다

E. Kan = 그렇지 않다 ; 그렇지 않습니까 (부가 의문문으로 사용)

Dia suka gue 'kan. 그는 나를 좋아하잖아.

F. Sehat sentosa = 항상 건강하다

Keluargaku semuanya sehat sentosa. 나의 가족은 모두 건강하다.

19 Aku baik-baik saja
난 괜찮아

Dewi Sandra

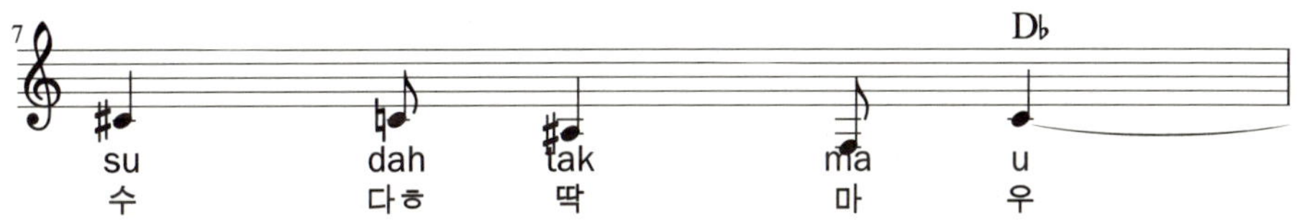

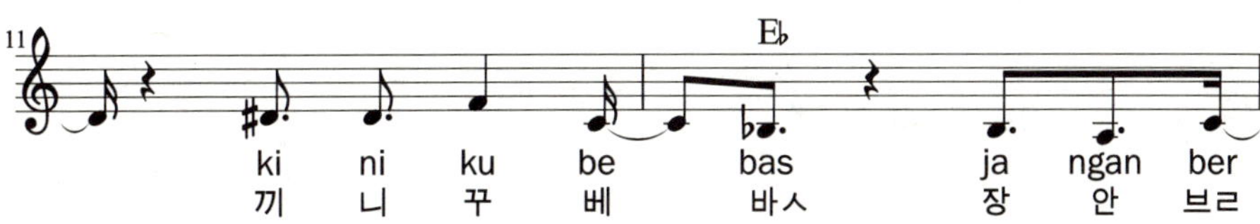

se dih un tuk ku
스 디흥 운 뚝 꾸
a ku ba ik ba ik sa ja
아 꾸 바 익 바 익 사 자
tan pa di ri mu
딴 빠 디 리 무
a ku ba
아 꾸 바
ik ba ik sa ja
익 바 익 사 자
tan pa cin ta pal su mu
딴 빠 찐 따 빨 수 무
Ter nya ta kau
뜨르 냐 따 까우
me mi li ki si si yang ber mu ka du a
므 밀 리 끼 시 시 양 브르 무 까 두 아
Uh.. ter nya ta
우흥 뜨르 냐 따
kau tak per nah ta u a pa
까우 딱 쁘르 나흥 따 우 아 빠
ar ti nya cin ta
아르 띠 냐 찐 따
ki ni ku le pas
끼 니 꾸 르 빠스
ki ni ku be bas
끼 니 꾸 베 바스
ja ngan ber
장 안 브르

se dih un tuk ku a ku ba ik ba ik sa ja
스 디ㅎ 운 뚝 꾸 아 꾸 바 익 바 익 사 자
tan pa di ri mu a ku ba ik ba ik sa ja
딴 빠 디 리 무 아 꾸 바 익 바 익 사 자
tan pa cin ta pal su mu
딴 빠 찐 따 빨 수 무

Aku baik-baik saja
난 괜찮아

Dewi Sandra

Terserah...
네 마음대로 해…

Itulah kata-kata kesukaanmu
그것이 바로 네가 좋아하는 말

Uh terserah kini
우- 이제 네 마음대로 해

Ku sudah tak mau lagi menunggu
나는 더이상 기다리고 싶지 않아

Kini ku lepas, kini ku bebas
이제 난 벗어날래, 이제 난 자유로워질래

Jangan bersedih untukku
날 위해 슬퍼하지 마

Aku baik-baik saja tanpa dirimu
나는 너 없이도 괜찮아

Aku baik-baik saja tanpa cinta **palsu**mu
나는 너의 거짓사랑 없이도 괜찮아

Ternyata kau memiliki sisi yang **bermuka dua**
알고 보니 넌 두 얼굴을 가진 사람이었어

Uh ternyata kau tak pernah apa artinya cinta
넌 사랑의 의미가 무엇인지 안 적이 없지

Kini ku lepas, kini ku bebas
이제 난 벗어날래, 이제 난 자유로워질래

Jangan bersedih untukku
날 위해 슬퍼하지 마

Tiga tahun ku t'lah mencintaimu
나는 널 3년 동안 사랑했지만

Kau hanya membuatku u u u boy
너는 단지 날 가지고 놀았어 우우우 보이

Kini aku akan katakan kepadamu, padamu
이제 난 너에게 말할거야, 너에게

Cukup sudah, cukup sudah, cukup sudah
이만하면 됐어, 이만하면 됐어, 이만하면 됐어

111

A. Terserah = 마음대로

1. Terserah apa katamu. 무슨 말을 하던지 마음대로 해.
2. A: Aku ngak mau pergi ke universitas itu. Ibu, aku tahu apa yang kumau.

   난 대학교에 가고 싶지 않아요. 엄마, 난 내가 무엇을 원하는 지 알고 있어요.

   B: Ya udah. Terserah.... 그래 알았어. 마음대로 하렴...

B. Palsu = 가짜

1. Gigi anda perlu dicabut dan diganti dengan gigi palsu.

   당신 치아는 뽑아야 할 필요가 있어요 그리고 가짜치아로 바꿔야 해요.
2. Tas tangan ini palsu, tidak asli.

   이 핸드백은 가짜이다, 진짜가 아니다.

C. Bermuka dua = 얼굴을 두 개 가지고 있다 (교활한 ; 간시한)

1. Bapak Budi, Kepala bagian penjualan tidak jujur. Dia bermuka dua.

   판매부장인 부디씨는 정직하지 않다. 그는 두 얼굴을 가지고 있다.
2. Dia sangat licik, bermuka dua seperti ular.

   그는 굉장히 교활하다, 뱀처럼 두 얼굴을 가지고 있다.

20 Burung Camar
갈매기

Vina Panduwinata

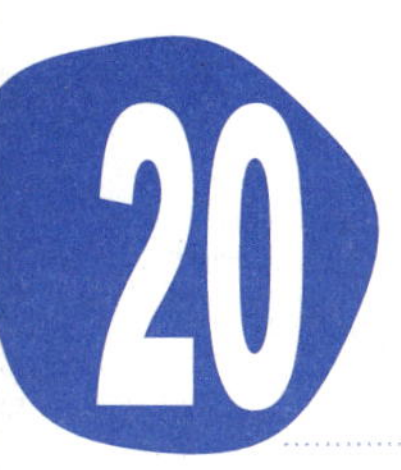

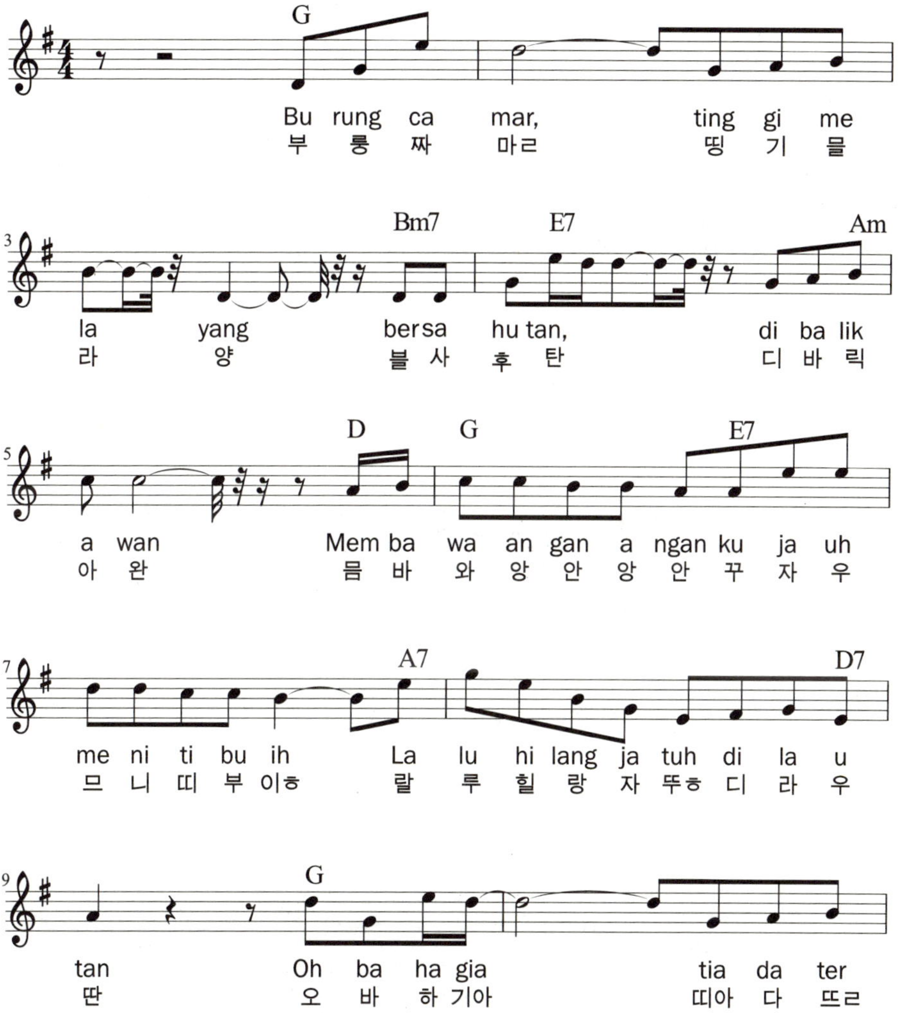

Bm7
A7
pe ri In dah ni an de rap ji
쁘 리 인 다ㅎ 니 안 드 랖 지
D G
wa ku Tak ke nal du ka de ri ta tak
와 꾸 딱 끄 날 두 까 드 리 따 딱
E7 A7 D7 G C G
ke nal nes ta pa Ce ri a pe nuh pe so na
끄 날 네ㅅ 따 빠 츠 리 아 쁘 누ㅎ 프 소 나
G Am
Ti ba ti ba ku ter te gun lu buk ha
띠 바 띠 바 꾸 틀 뜨 군 로 북 하
B7 Em D# D C# C
ti ku ter sen tuh Pe ra hu ke cil ter a yun ne la yan
띠 꾸 트르 슨 뚜ㅎ 쁘 라 후 끄 칠 뜨르 아 윤 늘 라 얀
B7 Am D
tu a di sa na tia da te man, ber
뚜 아 디 사 나 띠아 다 뜨 만 브르
E7 Am D7
ba gi de ri ta Bah kan un tuk ber ba gi ce ri
바 기 드 리 따 바ㅎ 깐 운 뚝 브르 바 기 츠 리

G
ta
Bu rung ca mar, ting gi me
따
부 룽 짜 마르 띵 기 믈

Bm7
Am
la yang ber sa hu tan di ba lik
라 양 브르사 후 딴 디 발 릭

D
G
a wan Ki ni mem ba wa a ngan ku yang
아 완 끼 니 름 바 와 앙 안 꾸 양

E7
Am
D
ta di me la yang Ja tuh di a de kat di ka ki
따 디 므 라 양 자 뚜ㅎ 디 아 드 깟 디 까 끼

G
ku
꾸

Burung Camar
갈매기

Vina Panduwinata

Burung camar, tinggi melayang
갈매기, 높이 난다

Bersahutan, di balik awan
구름 뒤에서 지저귀다가

Membawa **angan-angan**ku jauh **meniti** buih
나의 바람들을 높은 곳으로 가져간다

Lalu hilang **larut** di lautan
그리고 바다로 사라져 버린다

Oh bahagia tiada **terperi**
오 너무 행복하다

Indah **nian derap** jiwaku
매우 아름답고 충분되네

Tak kenal duka derita tak kenal **nestapa**
고통을 알지 못하는, 슬픔을 알지 못하는

Ceria penuh pesona
요술로 가득한 빛

Tiba-tiba 'ku tertegun **lubuk hatiku tersentuh**
나는 갑자기 마음 깊숙이 감동을 느꼈다

Perahu kecil terayun nelayan tua di sana
작은 배가 흔들리고, 어부는 그 곳에서 늙어간다

Tiga malam bulan t'lah menghilang
삼일 밤, 달은 이미 사라지고

Langit sepi walau tak ber**mega**
고요한 하늘은 넓지도 않고

Tiba-tiba kusadari lagu burung camar tadi
갑자기 나는 아까 갈매기의 노래를 알아차렸지

Cuma kisah sedih nada duka, hati yang terluka
슬픈 목소리로 부르는 슬픈 이야기 상처 입은 가슴

Tiada teman, **berbagi** derita,
친구가 없어 슬픔을 나누고 이야기를 나눌 친구

bahkan untuk berbagi cerita
같이 나눈 이야기도 없고

Burung camar, tinggi **melayang**
갈매기, 높이 날고 있다

Bersahutan dibalik awan
구름 뒤에서 지저귀다가

Kini membawa anganku yang tadi melayang
지금 나의 바람을 가지고 왔다

Jatuh dia dekat di kakiku
그는 내 발 밑에 떨어졌다

A. Bersahutan = 질의응답하다 ; 이어지는 ; 연달아서 하는 ;
Kata Dasar = sahut: 대답 ; 응답

Anak-anak kelas 1B saling bersahutan menjawab pertanyaan ibu guru.

1B 교실 아이들은 선생님 질문에 대해 서로 대답한다.

B. Angan-angan = 생각 ; 사고 ; 꿈

Angan-anganku tinggi sekali, sehingga ku tak tahu apakah suatu hari aku bisa mencapainya.

내 꿈은 매우 높아서 언젠가 이룰 수 있을 지 모르겠어요.

C. Meniti = 거치다 ; 좁고 긴 길을 통과하다 ; Kata Dasar
= titi: 외나무다리를 건너다 ; 거치다 ; 좁고 긴 길을 통과하다

Anak-anak meniti batu-batuan itu dengan berhati-hati.

아이들은 조심스럽게 그 돌들을 건넌다.

D. Larut = 열정/생각에 빠지다 ; 점차 멀리 떠가다 ; 녹다

Celupkan vitamin ini ke dalam air, nanti vitaminnya akan larut dalam air.

이 비타민을 물 속에 넣으면, 나중에 비타민을 물 속에서 녹을 것이다.

E. Terperi = 형언할 수 있는 ; Kata Dasar = peri : 아프다

Sakitnya tidak terperi. 그의 병은 문제가 되지 않는다.

F. Nian = 참으로 ; 정말로 ; 강조사

G. Derap = 진전 속도 ; 말이 빨리 달리는 동작

Derap kuda terdengar jelas dari jauh.
말 발굽 소리가 멀리서 또렷하게 들린다.

H. Nestapa = 슬픈

I. Lubuk hati = 마음 속에

Dalam lubuk hatiku, aku selalu merindukanmu.
내 마음 속 깊은 곳에서, 나는 항상 너를 그리워한다.

**J. Tersentuh = 살짝 닿다 ; 살짝 건드리다 ;
    Kata Dasar = sentuh : 살짝 닿다**

Tersentuh hatiku akan tekad mulia anak perempuan itu.
내 마음은 그 여자아이를 값지게 여길 것이다.

K. Bermega = 넓은 ; 큰 ; Kata Dasar = mega : 큰 ; 넓은

L. Tiada = ~이 없는 ; 끝이 없는 봉사/ 헌신

Tiada daging, sayur pun jadi. 고기는 없고 채소만 있다.

**M. Berbagi = 나뉘다 ; 분배되다 ; 분리되다 ;
Kata Dasar = bagi:~을 위하여 ; ~에 관한**

1. Dalam pernikahan kita harus berbagi suka dan duka.
   결혼하면 기쁨과 슬픔을 같이 나눠야 한다.
2. Bagianku sangat kecil dibandingkan dia.
   내 부분은 그에 비해 매우 작다.

N. Bahkan = 더욱이 ; 특히 ; 오히려

Harga shampoo ini murah sekali, bahkan ada bonus perawatannya.
이 샴푸 가격은 트리트먼트가 보너스를 있음에도 불구하고 매우 저렴하다.

O. Melayang = 날다 ; 비행하다 ; Kata Dasar = layang: 연 ; 제비

Angan-anganku melayang-layang. 나의 생각은 날아간다.

**P. Bersahutan = 질의응답하다 ; 서로 응답하다 ;
Kata Dasar = sahut: 대답 ; 응답**

Q.Dibalik = 뒤에 ; Kata Dasar = balik : 뒤편 ; 뒤쪽

1. Ada udang dibalik batu. 돌 뒤에 새우가 있다.
2. Tantri bersembunyi dibalik pintu. 딴뜨리는 문 뒤에 숨어 있다.

21 Dia
그 남자

Vina Panduwinata

G
ra sa be rat
라 사 브 랏
C
oh ma lu nya ha ti
오 말 루 냐 하 띠
G

F
i ni bi la ku i ngat sa at i tu ka mi
이 니 빌 라 꾸 이 앗 사 앗 이 뚜 까 미
C

G
ha nya sa ling ber pan dang dan ter di am ter pa
하 냐 살 링 브르 빤 당 단 뜨르 디 암 뜨르 빠
F

G C G F
ku oh Tu han ha nya di ri mu yang me nyak si
꾸 오 뚜 한 하 냐 디 리 무 양 므 냑 시

Am C G
kan se ga la nya oh Tu han to long lah da ku
깐 스 갈 라 냐 오 뚜 한 똘 롱 라ㅎ 다 꾸

F G
ka ta kan pa da nya ku cin ta di a
까 따 깐 빠 다 냐 꾸 찐 따 디 아

C F G
ku be ra ni kan di ri un tuk me mu lai nya
꾸 브 라 니 깐 디 리 운 뚝 므 물 라 이 냐

ta pi me nga pa bi bir ku
따 삐 등 아 빠 비 비르 꾸
t'ra sa be rat ma lam
뜨라 사 브 랏 말 람
pun kian ber la lu ka mi sa ling ter
뿐 끼안 브르 랄 루 까 미 살 링 뜨르
pa ku di se ri bu ba ha sa hi
빠 꾸 디 스 리 부 바 하 사 히
lang se mua ka ta
랑 스 무아 까 따
yang ter rang kai kan
양 뜨 랑 까이 깐
oh ma lu nya ha ti i ni bi la ku i ngat sa
오 말 루 냐 하 띠 이 니 빌 라 꾸 잉 앗 사

at i tu   ka mi ha nya sa   ling ber   pan dang
앗 이 뚜   까 미 한 냐 살   링 브르   빤 당
dan ter di am   ter pa ku   oh Tu han ha nya di
단 뜨르 디 암   뜨르 빠 꾸   오 뚜 한 하 냐 디
ri mu   yang me nyak si kan se   ga   la nya   oh
리 무   양 므 냑 시 깐 스   가   라 냐   오
Tu han   to long lah   da ku   ka ta   kan pa   da nya
뚜 한   똘 롱 라ㅎ   다 꾸   까 따   깐 빠   다 냐
ku   cin   ta   di   a
꾸   찐   따   디   아

Dia
그 남자

Vina Panduwinata

Kata demi kata
한 단어씩

Jalin dengan indah
예쁘게 만들었어

Untuk **menguraikan**
설명하기 위해

Maksud hati
나의 마음을

Kuberanikan diri
나는 용기를 내

Untuk memulainya
시작하기 위해

Tapi mengapa bibirku
그런데 내 입은 왜…

Tak dapat bergerak
움직이지 않을까

Terasa berat
무거운 감정

Oh
오

Malunya hati ini
이 마음이 창피해

Bila kuingat saat itu
그 때를 떠올리면

Kami hanya saling berpandangan
우리는 그냥 서로를 바라봤지

dan terdiam **terpaku**
그리고 그냥 조용히 있었어

Oh bulan tolonglah **daku**
오 달님 도와 주세요

Katakan padanya
그에게 말해 주세요

Kucinta dia
나는 그를 사랑한다고

Kuberanikan diri
나는 용기를 내

Untuk memulainya
시작하기 위해

Tapi mengapa bibirku terasa berat
그런데 내 입은 왜 이렇게 무거울까

Malam pun kian berlalu
밤은 지나가고

Kami saling terpaku
우리는 가만히 있었지

Diam seribu bahasa
그냥 조용히 있었어

Hilang semua kata
모든 말이 없어졌어

Yang **terangkaikan**
만들었던 문장들도

A. Demi = ~을 위하여

B. Jalin = 연결된 ; 결합된

C. Menguraikan = 풀어 헤치다 ; 자세하게 설명하다 ;
 Kata Dasar = urai : 트다

Susah menguraikan apa yang ada di hatiku.
내 마음속에 있는 것이 무엇인지 설명하는 것은 어렵다.

D. Terpaku = 못질이 된 ; 못이 박힌 ; 부동자세로
 서다 / 앉다 ; Kata Dasar = paku : 못

Terpaku dia setelah meendengar berita buruk itu.
그는 그 안 좋은 소식을 듣자마자 몸이 굳었다.

E. Daku = 저는 ; 나는

Daku tidak mengerti kenapa adinda bisa berbuat begitu
terhadap kita.
다꾸는 왜 아딘다가 우리에게 그렇게 할 수 있었는지를 이해할 수가 없었다.

F. Diam seribu bahasa = 얌전히 있다

Karena takut disalahkan, ia hanya diam seribu bahasa.

틀리는 것이 두려워서 그는 그저 잠자코 있었다.

G. Terangkaikan = 연결된 ; 짜여진

Terangkaikan misteri pembunuhan keluarga Benny setelah sekian lamanya kasus ini terbenam.

이 사건이 묻히고 얼마 후에, 베니 가족의 살인 미스터리가 발생되었다.

22 Cerita Cinta Kita
우리의 사랑 이야기

Alyssa Soebandono

un tuk me lang gar jan ji cin ta ku
운 뚝 믈 랑 가르 잔 지 찐 따 꾸
ku i ngin sung guh ku ma u ta pi ku ha
꾸 잉 인 숭 구ㅎ 꾸 마 우 따 삐 꾸 하
nya tak bi sa de ngan mu a ku sen di ri ta pi kau ber
냐 딱 비 사 등 안 무 아 꾸 슨 디 리 따 삐 까우 브르
sa ma nya ki ta tak mung kin ber du a bi ar
사 마 냐 끼 따 딱 뭉 낀 브르 두 아 비 아르
lah ce ri ta cin ta ki ta ber se mi di da lam ha ti i ni
라ㅎ 쯔 리 따 찐 따 끼 따 브르 쓰 미 디 달 람 하 띠 이 니
sa ja smo ga kau ba ha gia a ku ju
사 짜 스모 까 까우 바 하 기아 아 꾸 주
ga pas ti kan ba ha gia bi ar lah ce ri
가 빠ㅅ띠 깐 바 하 기아 비 아르 라ㅎ 쯔 리

ta ki ta men ja di bu nga mim pi mim pi se ma ta
따 끼 따 믄 자 디 붕 아 밈 삐 밈 삐 스 마 따
smo ga kau ba ha gia ku ber do a un tuk
스모 가 까우 바 하 기아 꾸 브르도 아 운 뚝
mu sla ma nya bi ar lah ce ri ta cin ta ki
무 스라 마 야 비 아르 라ㅎ 쯔 리 따 찐 따 끼
ta ber se mi di da lam ha ti i ni sa
따 쁘르스 미 디 달 람 하 띠 이 니 사
ja smo ga kau ba ha gia a ku ju ga
자 스모 가 까우 바 하 기아 아 꾸 주 가
pas ti kan ba ha gia bi ar lah ce ri
빠ㅅ띠 깐 바 하 기아 비 아르 라ㅎ 쯔 리
ta ki ta men ja di bu nga mim pi mim
따 끼 따 믄 자 디 붕 아 밈 삐 밈

pi se ma ta smo ga kau ba ha gia
삐 스 마 따 스모 가 까우 바 하 기아
ku ber do a un tuk mu sla ma nya
꾸 브르 도 아 운 뚝 무 슬라 마 냐

Cerita Cinta Kita

우리의 사랑 이야기

Alyssa Soebandono

Bukannya aku tak cinta
내가 사랑하지 않는 게 아냐

Ku hanya tahu ini keliru
난 이게 잘못되었다는 것을 알고 있어

Bukannya aku tak mau
내가 원하지 않는게 아냐

Sungguh mati aku suka kamu
난 네가 정말 죽도록 좋아

Setengah gila aku menahan rasa
나는 이 마음을 참느라 반쯤 미쳐 가는 것 같아

Yang ada di dalam dada
내 가슴 속에 있는것

Jangan kau paksa diriku
나에게 강요 하지마

Untuk **melanggar janji** cintaku
내 사랑의 약속을 깨도록

Ku ingin sungguh ku mau
나는 원해 정말 원해

Tapi ku hanya tak bisa denganmu
하지만 너와는 할 수 없는 것뿐이야

Aku sendiri tapi kau bersamanya
나는 혼자이고 너는 그와 함께야

Kita tak mungkin berdua
우리는 둘이 될 수 없어

Reff:
Biarlah cerita cinta kita
우리의 사랑 이야기를 그냥

Bersemi di dalam hati ini saja
이 마음 안에서 싹을 틔울께

Semoga kau bahagia
네가 행복하길 바래

Aku juga pasti kan bahagia
나도 분명 행복할 거야

Biarlah cerita kita
우리의 사랑 이야기가 그냥

Menjadi **bunga mimpi**-mimpi **semata**
한 꿈 속의 꽃이 되도록

Semoga kau bahagia
네가 행복하길 바래

Ku berdoa untukmu selamanya
나는 영원히 널 위해 기도할 거야

Repeat reff [2x]

A. Bukannya = ~이 아니라 ; Kata Dasar = bukan : 아니다

B.Sungguh mati = 정말로

1. Sungguh mati bukan saya yang mencuri emas itu Pak.
   그 금을 훔친 것은 정말 제가 아닙니다, 아저씨.
2. Sungguh mati aku cinta kamu. 나는 죽도록 너를 사랑해.

C.Setengah gila = 약간 미치다 ; 정신 없다

D. Menahan rasa = 잠다

E. Melanggar janji = 약속을 안 지키다 ; Kata Dasar
   = langgar: 법률 ; 규칙에 위배되다 ; 충돌하다

1. Tono adalah anak durhaka, ia melanggar janji untuk
   mengunjungi ibunya di kampung.
   또노는 반항하며, 그는 고향에 계신 어머니를 방문하기로 한 약속을
   지키지 않았다.
2. Jangan suka melanggar janji. 약속 어기는 것을 즐거하지 말아라.

F. Bunga mimpi = 꿈

Jangan terlalu dipikirkan itu hanyalah bunga mimpi.

너무 그것을 생각하지 마, 그건 단지 꿈일 뿐이야.

G. Semata = 하나만 ; Kata Dasar = mata : 눈

1. Dia anak semata wayang.

   그는 외동아들이다.

2. Matanya kalau mendelik besar sekali.

   그가 눈을 부릅뜨면 매우 커진다.

23 Bengawan Solo
솔로 강

Pak Gesang

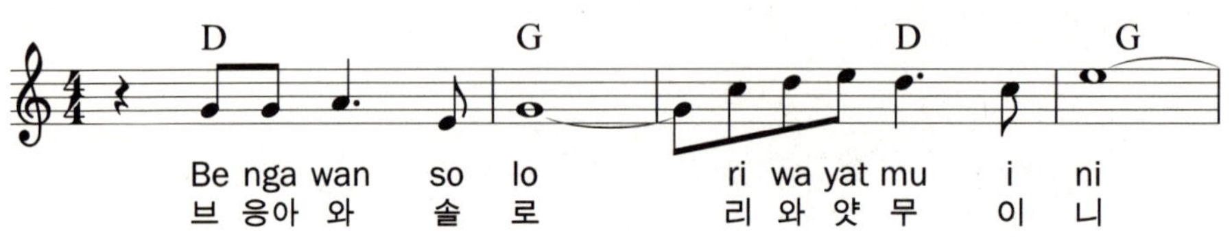

Am   D   G
ter ku rung gu nung se ri
뜨르 꾸 룽 구 눙 스 리

E   A
bu   a ir me nga lir sam pai ja uh
부   아 이르 믕 알 리르 삼 빠이 자 우ㅎ

F   D   D   G
ak hir nya ke la ut   I tu pe ra hu
악 히르 냐 끄 라 웃   이 뚜 쁘 라 후

D   G   E   Am   D
ri wa yat nya ki ni   Ka um pe da gang s'la lu na
리 와 얏 냐 끼 니   까 움 쁘 다 깅 슬랄 루 나

A   D7
ik i tu pe ra hu   ma ta a ir mu da ri
익 이 뚜 쁘 라 후   마 따 아 이르무 다 리

Bengawan Solo
솔로 강

Pak Gesang

Bengawan Solo
솔로 강

Riwayatmu ini
이것은 너의 역사야

Sedari dulu jadi
오래 전부터

Perhatian **insan**
사람들은 이 황홀한 강에 매료되었지

Musim kemarau
건기에

Tak seberapa airmu
너의 물은 얼마 되지 않고

Dimusim hujan air
우기에

Meluap sampai jauh

너의 물은 저 먼 곳까지 흘러 넘쳤지

Mata airmu dari Solo

솔로의 네 눈물

Terkurung gunung seribu

수천 개의 산들에 둘러싸여

Air meluap sampai jauh

물은 저 먼 곳까지 흘러 넘치고

Dan akhirnya ke laut

결국 바다로 향하지

Itu perahu

그것은 배

Riwayatnya dulu

너의 역사

Kaum pedagang selalu

상인의 배들로 항상

Naik itu perahu

붐비고 그 배에 오르지

A. Riwayat = 역사 ; 내력 ; 전래 이야기

Tamat sudah riwayatnya. 그의 삶은 이미 끝났다.

B. Insani = 사람

C. Meluap = 흘러넘치다 ; 범람하다 ; Kata Dasar = luap : 끓어 넘치다 ; 범람하다

Air di bendungan itu meluap karena banjir.
그 댐의 물은 홍수 때문에 넘쳤다.

D. Terkurung = 투옥되다 ; 감금되다 ; Kata Dasar =kurung: 괄호 ; 새장

Anjing-anjing liar itu dikurung dalam kandang selama berhari-hari.
그 야생 개들은 며칠동안 개집에 감금되었다.

E. Kaum = 그룹 ; 무리 ; 인종

Kaum buruh itu pekerja keras setengah mati.
그 근로자 그룹은 죽도록 열심히 일하는 근로자이다.

Halo-Halo Bandung-Lagu Wajib Nasional Perjuangan Indonesia
안녕하세요 반둥

Ismail Marzuki

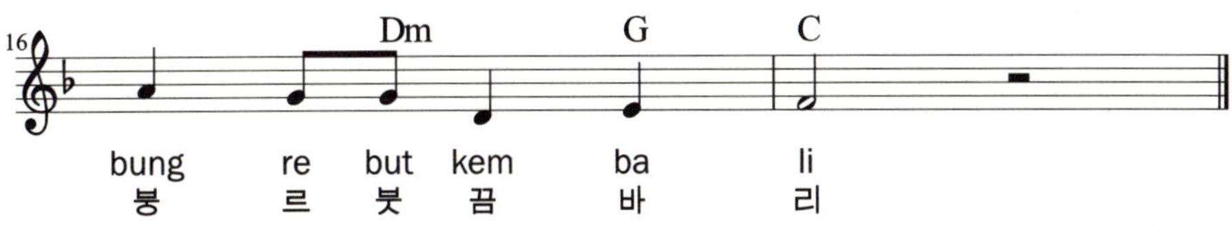

Halo-Halo Bandun -Lagu Wajib Nasional Perjuangan Indonesia
안녕하세요 반둥

Ismail Marzuki

Halo-halo Bandung
안녕하세요 반둥

Ibukota **periangan**
사랑스러운 대도시

Halo-halo Bandung
안녕하세요 반둥

Kota **kenang-kenangan**
추억이 있는 도시

Sudah lama **beta**
오랫동안

Tidak berjumpa dengan kau
당신을 못 만났지

Sekarang telah menjadi **lautan api**
지금 불바다가 되었다

Mari bung rebut kembali
자 친구야 다시 반둥을 강탈하자

A. Periangan = 사랑스러운

B. Kenang-kenangan = 기념품

Ini kenang-kenangan dariku, simpan selalu ya.
이것은 제가 드리는 선물입니다. 잘 보관하세요.

C. Beta = 자는

D. Lautan api = 불바다 ; 끔찍한 상황

E. Mari = ～하자 ; ～합시다

Mari kita pergi sekarang.
지금 갑시다.

F. Bung = 형

Mari Bung, kita merokok di luar.
형, 밖에서 담배를 피웁시다.

25 Padamu Negeri

국가에게

Kusbini 1942

Padamu Negeri

국가에게

Kusbini 1942

Padamu **Negri** kami berjanji
국가에게 우리는 약속한다

Padamu Negri kami **berbakti**
국가에게 우리는 충성한다

Kami **mengabdi**
우리는 헌신한다

Bagimu Negri **jiwa raga** kami
우리의 정신적 지주인 국가에게

A. Negri = 국립 ; 한 종족이 사는 땅

B. Berbakti = ~에세 순종하다 ; 복종하다 ; 충성하다

Berbaktilah pada orang tua. 부모님께 충성해라.

C. Mengabdi = 복종하다 ; 순종하다

Pak Hadi sudah mengabdi pada perusahaannya selama 30 tahun.
하디씨는 30년 동안 그의 회사에 헌신했다.

D. Bagi = ~을 위하여 ; ~에 관한 ; ~에 의하면

1. Hal itu tidak mudah bagi pegawai baru itu.

   그 일은 그 신입직원에게 쉬운 일이 아니다.

2. Bagi-bagikan permen ini pada teman sekelasmu.

   이 사탕을 네 같은 반 친구들과 나누어 가져라.

3. 100 dibagi 2 sama dengan 50. 100 나누기 2는 50이다.

E. Jiwa raga = 정신과 육체

Ku pertaruhkan jiwa ragaku untuk Negara.
나는 내 혼과 육신을 국가를 위해 내놓았다.

26 Kapan-kapan
언제든지

Dm
C
F
Mung kin lu sa
뭉 끈 루 사
a tau di la in ha
아 따우 디 라 인 하
Bi la di kau
빌 라 디 까우
per gi
쁘르 기
Ha ti
하 띠
ku ting gal
꾸 띵 갈
C
di si ni
디 시 니
bi la
빌 라
D7
ki ta
끼 따
da tang
다 땅
ha ra pan bu kan im pi an
하 라 빠 부 깐 임 삐 안
G
o.. o..
오 오..
o... o...
오 오...
C
Ka pan ka pan
까 빠 까 빠
F
Ki ta ber jum pa la gi
끼 따 브르 줌 빠 라 기
C
Ka pan ka pan
까 빠 까 빠
C
F
G
Ki ta ber sa ma la gi
끼 따 브르 사 마 라 기
C
Mung kin lu sa
뭉 끈 루 사
Dm
G
C
a tau di la in ha ri
아 따우 디 라 인 하 리

Kapan-kapan
언제든지

Koesplus

Kapan-kapan kita berjumpa lagi
언제든지 우리 다시 만나요

Kapan-kapan kita bersama lagi
언제든지 우리 다시 함께해요

Mungkin lusa atau di lain hari
모레 혹은 다른 날에라도

Kapan-kapan kita pergi bersama
언제든지 우리 함께 떠나요

Kapan-kapan kita bersenda gurau
언제든지 우리 장난치며 즐겨요

Mungkin lusa atau di lain hari
모레 혹은 다른 날에라도

Bila **dikau** pergi
당신이 떠날 때

Hatiku tinggal di sini
내 마음은 여기에 남겨져 있죠

Bila dikau datang
당신이 온다면

Harapan bukan impian
바람은 더 이상 꿈이 아니겠죠

A. Bersenda gurau = 농담하다

Anak-anak kecil itu bersenda gurau di tepi pantai.

어린이들이 해변에서 농담하고 있다.

B. Bila = 만약에 ; ~할 때 ; ~라면

Bila memerlukan pertolonganku silahkan menghubungi saja.

제 도움이 필요하면 아무 때나 연락하세요.

C. Dikau = 당신

27 Kemesraan
사랑의 감정

Iwan Fals

15
C C F
ha ngat kan ji wa ki ta Se men ta ra si
항 앗 깐 지 와 끼 따 스 믄 따 라 시
19
nar sur ya per la han mu lai teng ge lam
나ㄹ 수ㄹ 야 쁘ㄹ 라 한 무 라이 뚱 글 람
21
Dm G
Sua ra gi tar mu me
솨 라 기 따ㄹ 무 뭉
23
C C
nga lun kan me lo dy ten tang cin ta A da
아 룬 깐 멜 로 디 뜬 땅 찐 따 아 다
26
C7 F G
ha ti mcm ba ra e rat ber sa tu Ge tar se
하 띠 믐 바 라 으 랏 브ㄹ 사 뚜 그 따ㄹ 스
30
F C
lu ruh ji wa . . ter cu rah sa at i tu
로 로ㅎ 지 와 뜨ㄹ 쭈 라ㅎ 사 앗 이 뚜
33
F C
Ke me sra an i ni ja ngan lah ce pat ber
ㄲ 므 스라 안 이 니 장 안 라ㅎ 쯔 빳 브ㄹ

F
C
la lu
랄 루
Ke me sra an i ni
끄 브 스라 안 이 니
G
Dm
G
i ngin ku ke nang se la lu
잉 인 꾸 끄 낭 슬 라 루
Ha ti ku da mai
하 띠 꾸 다 마이
C
Dm
ji wa ku ten tram di sa m ping mu
지 와 꾸 뜬 뜨람 디 사 ㅁ 삥 무
Ha ti ku
하 띠 꾸
da mai ji wa ku ten tram ber sa ma mu
다 마이 지 와 꾸 뜬 뜨람 브르 사 마 무

Kemesraan
사랑의 감정

Iwan Fals

Suatu hari
어느 날

Dikala kita duduk di tepi pantai
우리는 해변가에 앉아 있었지

Dan memandang
그리고 바라보았지

Ombak di lautan yang **kian** menepi
파도가 해변가로 점점 밀려오는 것을

Burung camar
갈매기가

Terbang bermain diderunya air
소리를 내며 물 위에서 놀고 있었지

Suara alam ini
이 자연의 소리

Hangatkan jiwa kita
우리의 영혼을 따뜻하게 해주네

Sementara Sinar surya perlahan **mulai** tenggelam
해가 저물어가고

Suara gitarmu
너의 기타소리

Mengalunkan melodi **tentang** cinta
사랑의 멜로디를 울려퍼지게 해

Ada hati
마음이 있어

Membara **erat** bersatu
하나로 불타게 되고

Getar seluruh jiwa
온 영혼이 떨려

Tercurah saat itu
그 순간에 집중해

Kemesraan ini
이 사랑의 감정

Janganlah cepat berlalu
빨리 지나가지 않기를

Kemesraan ini
이 사랑의 감정

Ingin kukenang selalu
항상 기억하고 싶어

Hatiku damai
내 마음은 평온해

Jiwaku tentram di**samping**mu
네 곁에서 내 영혼은 고요하고

Hatiku damai
내 마음은 평온해

Jiwaku tentram bersamamu
네 곁에서 내 영혼은 고요하고

Bersamamu
네 곁에서

Ingin kukenang selalu
항상 기억하고 싶어

A. Suatu hari = 어느 날

Suatu hari aku akan membalas kebaikanmu.

언제가 저는 착한 일로서 보답할 것이다.

B. Dikala = 순간 ; 때 ; ~할 때 ; ~할 즈음에

Di kala aku merasa kesepian, kucingku selalu menemaniku.

저는 외로울 때 제 고양이와 항상 함께 한다.

C. Kian = 더

Semakin lama tingkah lakunya kian tidak baik.

시간이 지날수록 점점 그의 태도가 점점 안 좋아진다.

D. Hangatkan = 따뜻하게 만들다 ; Kata Dasar = hangat : 따뜻하다

1. Ibu, bisa hangatkan sup kemarin?

   어머니, 어제 있던 소프를 데워도 돼요?

2. Sejak kemarin udaranya sangat hangat.

   어제부터 날씨가 매우 따뜻하다.

E. Sementara = 하는 동안 ; 잠시

Sementara menunggu ayam ini masak, ayo kita bermain kartu.
닭고기가 익기를 기다리는 동안 카드놀이를 합시다.

F. Mulai = 시작하다

Ayo cepat duduk. Pertandingan bola akan segera dimulai.
자, 어서 앉아. 축구 경기가 곧 시작될 거야.

G. Tentang = ~에 대해

Aku ingin belajar tentang ilmu bela diri.
나는 간호학에 대해 공부하고 싶다.

H. Erat = 단단히 조여진 ; 견고한 ; 강한

Persahabatan mereka erat sekali.
그들의 우정은 매우 깊다.

I. Tercurah = ~에 억수로/ 세차게 ; 쏟아 붓다 :
Kata Dasar = curah : 떨어지는 물의 양

Curahkan semua perhatianmu pada satu hal.
너의 모든 관심을 하나의 일에 쏟아라.

J. Ingin = 하고 싶다

K. Samping = 옆 ; 측면

1. Disamping makanan, aku paling suka musik.

    음식 이외에, 나는 음악을 가장 좋아한다.

2. Kalau malam Bapak Yodha melakukan pekerjaan sampingan.

    저녁에 요다씨는 부업을 한다.

28 Hanya Satu
딱 한 개

Mocca

D
tuk ber can da dan
뚝 브르 짠 다 단
E
F#m
ter ta wa di pang
뜨르 따 와 디 빵
E
A
ku an se o rang a yah
꾸 안 스 오 랑 아 야ᅌ
F#m
A
F#m
a pa bi la i ni ha
아 빠빌 라 이 니 하
A
D
nya se bu ah mim pi ku se
냐 스 부 아ᅌ 밈 삐 꾸 스
A
D
la lu ber ha rap dan tak per nah
랄 루 브르 하랎 단 딱 쁘르 나ᅌ
E
ter ba ngun
뜨르 방 운

Hanya Satu
딱 한 개

Mocca

Hanya satu pintaku
내 바람은 오직 하나

Tuk memandang langit biru
푸른 하늘을 바라보는 것

Dalam dekap seorang ibu
어머니 품에서

Hanya satu pintaku
내 바람은 오직 하나

Tuk bercanda dan tertawa
웃고 장난치는 것

Di pangkuan seorang ayah
아버지의 무릎 위에서

Apabila ini
만약에 이게

Hanya sebuah mimpi
그냥 꿈이라면

Ku selalu berharap
나는 항상 바라요

Dan tak pernah terbangun
깨지 않기를 바라요

Hanya satu pintaku
내가 원하는 것은 오직 하나

Tuk memandang langit biru
푸른 하늘을 바라보는 것

Di pangkuan ayah dan ibu
아버지와 어머니의 무릎 위에서

A. Pinta = 부탁하다

"Tolong jangan bunuh aku" pinta kelinci mungil itu kepada elang.

"제발 날 죽이지 마세요" 독수리에게 귀여운 토끼가 간청했다.

B. Dekap = 포옹하다 ; 껴안다 ; 감싸다

Dia tidur dalam dekapan ibunya.

그는 어머니 품 안에서 잠들었다.

C. Bercanda = 농담하다 ; Kata Dasar = canda : 농담

Jangan dimasukkan ke hati, Paman Toni hanya bercanda.

마음에 새겨두지 마, 토니 삼촌은 단지 농담한 거야.

D. Apabila = 만약에

Apabila barang belum sampai ditangan, silahkan telepon 911 lagi.

물건이 아직 도착하지 않은 경우, 다시 911로 전화하세요.

29 Cobalah Mengerti

이해하려 노력해줘

Peterpan dan Momo Geisha

Em
D
dan ka mu ha nya per lu te ri ma
단 까 무 하 냐 쁘르루 뜨 리 마
G
tan pa ha rus me ma ha mi dan tak
딴 빠 하 루ㅅ 므 마 하 미 단 딱
Bm
ha rus ber pi kir ha nya
하 루ㅅ 브르 삐 끼르 하 냐
Em
per lu me nger ti a ku
쁘르 루 릉 으르 띠 아 꾸
D
ber na fas un tuk mu ja di
브르 나 파ㅅ 운 뚝 무 자 디
G
C
te tap lah di si ni dan mu lai me ne ri ma
뜨 딾 라ㅎ 디 시 니 단 물 라이 므 느 리 마
G
C
ku o.. co ba lah me nger ti se mua
꾸 오 쪼 바 라ㅎ 릉 으르 띠 스 무아

 노래로 배우는 인도네시아어

Cobalah Mengerti

이해하려 노력해줘

Peterpan dan Momo Geisha

Aku tak kan pernah berhenti

난 지금껏 그래왔듯이

Akan terus memahami

널 이해할 거야

Masih terus **berfikir**

지금도 여전히 계속 생각하지

Bila harus **memaksa**

계속 노력헤야한다면

Atau **berdarah** untukmu

당신 위에 상처를 받아야한다면

Apapun itu **asalkan**

모두다 할거고 상관없어

Mencoba menerimaku

날 받아들이려 노력해줘

Dan kamu hanya perlu terima

넌 단지 받아들이면 돼

Dan tak harus memahami

이해할 필요는 없어

Dan tak harus berfikir

생각할 필요도 없고

Hanya perlu mengerti aku bernafas untukmu

단지 내가 널 위해 숨쉬고 있다는 것만 이해해줘

Jadi tetaplah di sini

그러니 여기 있어줘

Dan mulai menerimaku

그리고 날 받아들여줘

Chorus:
Cobalah mengerti

이해해줘

Semua ini mencari arti

이 모든 것에는 의미가 있다는 것을

Selamanya takkan berhenti

멈추지 않는 동안

Inginkan rasakan

느끼게 되길 원해

Rindu ini menjadi satu

이 그리움이 하나가 되기를

Biar waktu yang **memisahkan**

시간이 흘러가도록

단 어

A. Berfikir = 생각하다

1. Ubah cara berpikirmu, nanti hidup kan terlihat lebih mudah.
   네 생각하는 방법을 바꿔, 나중에 삶이 더 쉽게 보일 거야.
2. Jangan berpikir yang bukan-bukan, saya tidak pernah ada pikiran aneh seperti itu. 아닌 것은 생각하지 마세요, 저는 그처럼 이상한 생각을 가진 적이 없습니다.

B. Memaksa = 강제로

Jangan suka memaksa kehendakmu terhadap orang lain.
네가 하고 싶은 것을 다른 사람에게 강요하지 말아라.

C. Berdarah = 피의

Lengannya terus berdarah. 그의 팔에서 계속 피가 흐른다.

D. Asalkan = ~에 한해 ; 만약에

Asalkan kita ada izin dari Bapak Mentri Pendidikan maka program ini bisa terlaksana.
우리에게 교육부 장관의 허가가 있기 때문에 이 프로그램이 진행될 수 있는 것이다.

E. Memisahkan = 별도의

Yang memisahkan diriku dan dirimu bukan jarak melainnkan kesibukan kita.

나와 당신이 헤어지게 된 것은 거리 때문이 아니라, 우리가 너무 바빠서였다.

30 Eeeaa
에에에아아

Coboy Junior

ik bak ik sa ja (Kau bi ngung),
익 바 익 사 자 까우 빙 웅

Bm A C#m A
〔me mang nya a ku ja tuh da ri m a na?〕
메 망 냐 아 꾸 자 뚜흥 다 리 마 아 나

D
Kau bi da da ri ja tuh da ri
까우 비 다 다 리 자 뚜흥 다 리

A Bm A
sur ga di ha da pan k u ee e
수르 가 디 하 다 빤 꾸 에 에

D
aa Kau bi da da ri ja tuh da ri
아 까우 비 다 다 리 자 뚜흥 다 리

A Bm A
sur ga te pat di ha ti k u eee
수르 가 뜨 빳 디 하 띠 꾸 에

D
aa So ba by please b e mine,
아 소 베이 비 뿔이ㅅ 비 이 마인

plea se be mi ne o h mi ne ee e
뿔이ㅅ 스 비 마 인 오 ㅎ 마 인 에 에
aa Kar' na ha nya a k u sang
아 까르 나 하 냐 아 꾸 우 상
pa nge ran im pi an m u Eee aa eee aa ee e
빵 에 란 임 삐 안 무 우 에 아 에 아 에 에
aa ee e aa Hei ka mu ha
아 에 에 아 헤이 까 무 하
ti ku dag dig dug Sa at a ku me li hat
띠 꾸 닥 딕 둑 사 앗 아 꾸 믈 리 핫
mu, ku ta rik pan jang na fas ku Ku
무 꾸 따 릭 빤 장 나 파ㅅ 꾸 꾸
man tap kan lang kah ku unt uk men de ka ti mu
만 땋 깐 랑 까ㅎ 꾸 운 뚝 믄 드 까 띠 무

D
A
Lang sung ku ta nya ma u kah ka mu ja
랑 숭 꾸 딴 냐 마 우 까ㅎ 까 무 자
di pa car ku (Kau bi ngung),
디 빠 짜르 꾸 까우 빙 웅
Bm
A
C#m
A
D
ⵏke na pa ka mu su ka sa ma a k uꞏⵏ
끄 나 빠 까 무 수 까 사 마 아 꾸 우
bi da
비 다
A
da ri ja tuh da ri sur ga di ha da pan
다 리 자 뚜ㅎ 다 리 수르 가 디 하 다 판
Bm
A
D
k u ee e aa Kau bi da da ri ja tuh da ri
꾸 우 에 에 아 까우 비 다 다 리 자 뚜ㅎ 다 리
A
Bm
A
sur ga te pat di ha ti k u ee e
수르 가 뜨 빳 디 하 띠 꾸 우 에 에
D
aa So ba by please b e mine,
아 소 베이 비 쁠이ㅅ 미 마인

A
Bm
A
please be mine oh mine ee e
쁠이ㅅ 비 마 인 오 흥 마 인 에 에
D
aa Kar' na ha nya a k u sang
아 카르 나 하 냐 아 쿠 우 상
A
Bm
A
pa nge ran im pi an m u Eee aa eee aa ee e
빵 에 란 임 삐 안 무우 에 아 에 아 에 에
G
D
aa An dai ka mu ja di gu la, ak u
아 안 다이 까 무 자 디 굴 라 아 우
A
Bm
pas ti se mut nya Kan ku se
빠ㅅ 띠 스 못 냐 깐 꾸 스
A
bera ngi la u tan sa mu dera Ba ru
브랑 이 라 우 딴 사 무 드라 바 루
D
A
Bm
ka li i ni a ku ja di ga la u gi ni Ce pat te
깔 리 이 니 아 꾸 자 디 가 라 우 기 니 쯔 빳 뜨

179

A
ri ma a ku, cin ta per t a m a ku Kau bi da
리 마 아 꾸 찐 따 쁘르 따 아 마 아 꾸 까우 비 다
D A
da ri ja tuh da ri sur ga di ha da pan
다 리 자 뚜ㅎ 다 리 수르 가 디 하 다 빤
Bm
k u.. ee e
꾸 에 에

Eeeaa
에에에아아

Coboy Junior

Hei kamu hatiku **dag dig dug**
헤이 너는 내 마음의 닥딕둑

Saat aku melihatmu jatuh di hadapanku
내가 내 앞에 있는 널 봤을 때

Membuat aku **buru-buru** mendekatimu
난 재빨리 네 곁으로 갔지

Langsungku tanyakan apa kau baik-baik saja
나는 바로 너에게 물어봤지, 너 괜찮니

Kau bingung, "memang aku jatuh darimana"
넌 당황해서 "내가 어디서 떨어진 거죠"

Reff
Kau **bidadari** jatuh dari surga di hadapanku eeeaa
너는 천국에서 내 앞으로 떨어진 천사야 에에에아아

Kau bidadari jatuh dari surga tepat di hatiku eeeaa
너는 천국에서 내 마음으로 떨어진 천사야 에에에아아

So baby please be mine, please be mine oh mine eeeaa
그러니 내 것이 되어줘, 내 것이 되어줘 에에에아아

Karena hanya aku sang **pangeran** impianmu
오직 나만이 네 꿈 속의 왕자야

Eeeaa eeeaa eeeaa eeeaa
에에에아아 에에에아아 에에에아아 에에에아아

Hei kamu hatiku dag dig dug
헤이 너는 내 마음의 닥딕둑

Saat aku melihatmu, ku tarik panjang nafasku
내가 널 봤을 때 나는 숨을 깊게 쉬었지

Mantapkan langkahku untuk mendekatimu
내 모든 동작은 네 곁에 가까이 가기 위한 것이었어

Langsung ku tanya maukah kamu jadi pacarku
나는 바로 너에게 물어봤지 내 애인이 될래

Kau bingung, "kenapa kamu suka sama aku"
(jawabannya)
넌 당황했고, "왜 나를 좋아하죠"(그녀의 대답)

Reff:
Kau bidadari jatuh dari surga di hadapanku eeeaa
너는 천국에서 내 앞으로 떨어진 천사야 에에에아아

Kau bidadari jatuh dari surga tepat di hatiku eeeaa
너는 천국에서 내 마음으로 떨어진 천사야 에에에아아

So baby please be mine, please be mine oh mine eeeaa
그러니 내 것이 되어줘, 내 것이 되어줘 에에에아아

Karena hanya aku sang pangeran impianmu
오직 나만이 네 꿈 속의 왕자야

Eeeaa eeeaa eeeaa eeeaa
에에에아아아 에에에에아아아아

Andai kamu jadi gula, aku pasti semutnya
네가 설탕이라면, 나는 분명 개미일 거야

Kan ku seberangi lautan **samudera**
나는 대서양을 건너서

Hei hei baru kali ini aku jadi **galau gini**
헤이헤이 이번에 난 헷갈리고 있어

Cepat terima aku, cinta pertamaku
나를 빨리 받아줘, 나의 첫 사랑을

Kau bidadari jatuh dari surga di hadapanku
너는 천국에서 내 마음으로 떨어진 천사야 에에에아아

(baby please be mine, eeeaa, baby please be mine)
그러니 내 것이 되어줘, 내 것이 되어줘 에에에아아

Kau bidadari jatuh dari surga, kau di hatiku
너는 천국에서 내 마음으로 떨어진 천사야 에에에아아

(baby please be mine, eeeaa, baby please be mine)
그러니 내 것이 되어줘, 내 것이 되어줘 에에에아아

Ini lagu **gombal tuk dapetin** kamu
이것은 널 얻기 위해 만든 노래야

Ini lagu gombal tuk dapetin kamu
이것은 널 얻기 위해 만든 노래야

A. Dag dig dug = 두근두근

Dag dig dug hatiku mendengar hal itu.
내 심장은 그것을 듣고 쿵쿵거렸다.

B. Buru-buru = 서두르다

Anita selalu terburu-buru dalam melakukan segala sesuatu.
아니따는 모든 일을 할 때 항상 급하게 서둘러야 한다.

C. Bidadari = 선녀

Dia adalah bidadariku yang turun dari langit.
그녀는 하늘에서 내려온 나의 천사이다.

D. Pangeran = 왕자

Aku sedang menunggu pangeranku. 나는 내 왕자님을 기다리고 있다.

E. Mantapkan = 굳건하게 하다 ; 향상시키다

Minuman energi ini sangat mantap, stamina langsung bangkit.
이 에너지음료는 매우 효과가 좋아서, 힘이 바로 생긴다.

F. Langkah = 걸음

Derap langkah prajurit terdengat dari kejauhan.
군인들의 빠른 발걸음 소리가 멀리서부터 들린다.

G. Samudera = 대양 ; 큰 바다

Indonesia dikelilingi oleh samudera yang luas.
인도네시아는 넓은 대양으로 둘러싸여 있다.

H. Galau = 북적거리는 ; 혼잡한

Hatiku galau memikirkan masa depan anak-anakku.
내 마음은 내 아이들의 미래를 생각하면 복잡해진다.

I. Gini = 이렇게

Gini jika terlalu sulit untuk kelas tatap muka kita bisa belajar
online.
만일 얼굴을 보고 수업하는 것이 어려우면, 온라인으로 공부할 수 있다.

J. Gombal = 헌 천 ; 거짓말

Pacarku Dedi kerjaannya hanya menggombal saja.
내 애인인 데디의 일은 단지 헛소리하는 것뿐이다.

K. Tuk = ~에게 ; ~를 위하여 ; ~로 인하여 ; ~대용으로 ; ~으로

Semua ini adalah cara-caraku tuk meraih impian.

이 모든 것이 내 꿈을 이루기 위한 방법이다.

L. Dapetin = 만나러가다 ; 얻다 ; 획득하다

Susah juga dapetin bonus.

보너스를 받는 것은 역시 어렵다.

31 Jatuh Cinta
믿어 주세요

Ussy dan Andhika Pratama

per ca ya la a
쁘르 짜 얄 라 아

h a ku kan sla lu ber sa ma mu a ku kan sla lu
흥 아 꾸 깐 쓸아 루 브르 사 마 무 아 꾸 깐 쓸알 루

men ja ga mu sla ma nya per ca ya la a h
믄 자 가 무 쓸아 마 냐 쁘르짜 얄 라 아 아흥

spa ruh ji wa ku ber sa ma mu
쓰파 루흥 지 와 꾸 브르 사 마 무

spa ruh na fas ku ber sa ma mu sla ma
쓰파 루흥 나 파흥 꾸 브르 사 마 무 쓸아 마

nya se la ma nya per ca ya lah
냐 스 라 마 냐 쁘르짜 얄 라흥

per ca ya la a h a ku kan sla lu ber sa ma mu
쁘르짜 야 라 아 흥 아 꾸 깐 쓸아 루 브르 사 마 무

D♯m   G♯
a ku kan sla lu men ja ga mu   sla ma nya
아 꾸 깐 쓸알 루 믄 자 가 무   쓸아 마 냐

C♯   F♯
per ca ya la a h   spa ruh ji wa   ku ber
쁘르 짜 야 라 아 흥   쓰빠 루흥 지 와   꾸 브르

D♯m
sa ma mu   spa ruh na fas ku ber
사 마 무   쓰파 루흥 나 파스 꾸 브흥

G♯   F♯   C♯
sa ma mu sla ma nya   se la ma nya
사 마 무 쓸아 마 냐   슬 라 마 냐

F♯   C♯
per ca ya   lah
쁘르 짜 야   라흥

Percayalah
믿어 주세요

Ussy dan Andhika Pratama

Jangan kau **meragukan** cintaku padamu
당신에 대한 내 사랑을 의심하지 말아주세요

Kau meragukan **tulus**nya cintaku saat ini
당신은 지금 온전한 내 사랑을 의심하고 있잖아요

Janganlah pernah kau menjauh dariku
나를 멀리하지 마세요

Janganlah engkau **mengkhianati**ku,
menghancurkanku
나에게서 돌아서지 마세요, 나를 무너뜨리지 마세요

Reff:
Percayalah aku kan selalu bersamamu
믿어 주세요 내가 당신과 언제나 함께 한다는 것을

Aku kan selalu menjagamu selamanya
나는 항상 당신을 지키고 있어요

Percayalah separuh **jiwa**ku bersamamu
믿어 주세요 내 모든 생각은 당신과 함께 한다는 것을

Separuh nafasku bersamamu selamanya, selamanya
내 모든 호흡은 언제나, 언제나 당신과 함께 한다는 것을

Percayalah
믿어 주세요

Reff:
Percayalah aku kan selalu bersamamu
믿어 주세요 내가 당신과 언제나 함께 한다는 것을

Aku kan selalu menjagamu selamanya
나는 항상 당신을 지키고 있어요

Percayalah separuh jiwaku bersamamu
믿어 주세요 내 모든 생각은 당신과 함께 한다는 것을

Separuh nafasku bersamamu selamanya
내 모든 호흡은 언제나 당신과 함께 한다는 것을

Percayalah (percayalah) aku kan selalu bersamamu
믿어 주세요 (믿어 주세요)내가 당신과 언제나 함께 한다는 것을

Aku kan selalu menjagamu selamanya
나는 항상 당신을 지키고 있어요

Percayalah ooh separuh nafasku bersamamu selamanya
믿어 주세요 오오 내 모든 호흡은 언제나 당신과 함께 한다는
것을

Selamanya..
영원히

Percayalah ooh selamanya uhuu..
믿어 주세요 오오 영원히

Percayalah uhuu..uhuu..
믿어 주세요 오오

A. Meragukan = (불법·부정행위를 한 것으로) 의혹을 갖는, 수상쩍어 하는 ; 의심스러운, 수상쩍은 ; 의심스러워 하는

Pernyataan Bapak wakil presiden agak meragukan.
부통령의 성명은 다소 혼돈을 가져왔다.

B. Tulus = 성실한

Bantuannya selalu dilakukan dengan hati yang tulus.
그의 도움은 진실된 마음으로 이루어졌다.

C. Mengkhianati = 배반하다

Ternyata semua gossip yang kudengar berasal dari Dian. Mulanya dia meminta-minta pekerjaan tetapi akhirnya ia mengkhianatiku.
알고보니 내가 들은 모든 소문은 디안로부터 비롯된 것이었다. 처음 그녀는 일을 부탁했지만, 끝에는 나를 결국 속였다.

D. Menghancurkan = 파괴

Angin topan itu menghancurkan banyak rumah dan sawah.
그 태풍은 많은 집과 논을 파괴했다.

E. Percayalah = 신뢰

Percayalah, kalau kamu mau bersabar dan terus bekerja keras semua keinginanmu akan tercapai.

믿어라, 만약 네가 참고 계속 열심히 일한다면 모든 네 바람이 이루어질 것이다.

F. Jiwa = 영혼

Ada ratusan jiwa meninggal karena bencana angin topan itu.

그 태풍 재앙 때문에 죽은 사람이 수백명이다.

32 Pencuri Hati
마음 도둑

Giselle

Dm
tlah
뜰아ㅎ
ja tuh ha
자 뚜ㅎ 후
ti
띠
G
ke pa da mu
끄 빠 다 무
C
Am
pen cu ri ha ti
쁜 쭈 리 하 띠
F
yang tak ku
양 딱 꾸
Em
sang ka
상 까
Am
kan da tang
깐 다 땅
Dm
se ce pat i ni
스 쪼 빳 이 니
G
C
pa da mu
빠 다 무
A
pen cu
쁜 쭈
ri ha ti
리 하 디
F
Em
bi ar kan i ni
비 아르 깐 이 니
Am
men ja di
믄 자 디
Dm
me lo di cin
믈 로 디 찐
G
ta
따
ber du a a
브ㅎ 두 아 아
Am
dan ku ter di
단 꾸 뜨르 디
Dm
a a m
아 아 ㅁ
G
di ke
디 끄
he
흐
CMaj7
ning an ma lam
닝 안 말 람

F
D#
ku i ngin me mas ti kan di ri
꾸 잉 인 므 마ㅅ 띠 깐 디 리

G#
Dm
G
a pa kah ku tlah ja tuh ha ti
아 빠 까ㅎ 꾸 뜰아ㅎ 자 뚜ㅎ 하 띠

C
Am
F
ke pa da mu pen cu ri ha ti
끄 빠 다 무 쁜 쭈 리 하 띠

Em
Am
Dm
yang tak ku sang ka kan da tang se ce pat
양 딱 꾸 상 까 깐 다 땅 스 쯔 빳

G
C
A
F
i ni pa da mu pen cu ri ha ti
이 니 빠 다 무 쁜 쭈 리 하 띠

Em
Am
bi ar kan i ni men ja di me
비 아르 깐 이 니 믄 자 디 믈

Dm
G
lo di cin ta ber du a a
로 디 찐 따 브르 두 아 아

197

Pencuri Hati

마음 도둑

Giselle

Hanya ingin **berdiam**
단지 조용히 있기를 원해

Di **keheningan** malam
고요한 저녁에

Membayangkanmu di depanku
내 앞의 너를 그리며

Aura dirimu **mempesona**ku
너의 분위기는 날 유혹해

Dan ku terdiam
그리고 난 조용히 있지

Di keheningan malam
고요한 저녁에

Ku ingin **memastikan diri**
나는 분명히 알고 싶어

Apakah ku t'lah jatuh hati
내가 사랑에 빠졌는지

Kepadamu **pencuri hati**
너는 내 마음의 도둑

Yang tak ku sangka kan datang **secepat** ini
나는 이렇게 빨리 나에게 찾아올 줄 몰랐어

Padamu pencuri hati
너에게 마음의 도둑

Biarkan ini menjadi melodi cinta berdua
그냥 이것이 둘의 사랑 멜로디가 되도록 두자

Pencuri hatiku
내 마음의 도둑

Pencuri hatiku.. Berdua
내 마음의 마음의 도둑.. 우리 둘이

A. Berdiam = 숙박

Karena sedih, ia terus berdiam diri di rumah.
슬퍼서 그는 계속 집에서 조용히 있었다.

B. Keheningan = 침묵

Di dalam keheningan, ia menangis.
그는 묵념하며 눈물을 흘렸다.

C. Mempesona = 눈부시다

Gayanya sangat mempesona.
스타일이 매우 매력적이다.

D. Memastikan = 보장

Saya ingin memastikan bahwa kamu baik-baik saja.
저는 당신이 괜찮다는 것을 확인하고 싶습니다.

E. Diri = 본인

Cintailah diri sendiri. 자신을 사랑하라.

F. Pencuri hati = 마음을 훔친 자

Elissa gadis manis manja si pencuri hatiku.
엘리사는 내 마음을 훔친 장난끼 많은 귀여운 소녀이다.

G. Secepat = 빠른 속도로

Dia bisa berlari secepat rusa.
그는 사슴같이 빠르게 뛸 수 있다.

33 Pilih Saja Aku
나를 선택해줘

Petra Sihombing

ni le bih ba ik da ri nya   ja uh da lam ha ti
니 르 비ㅎ바 익 다 리 냐   자 우ㅎ 달 람 하 띠
mu   a ku ta hu   eng kau i ngin a da o
무   아 꾸 따 후   응 까우 잉 인 아 다 오
rang yang   sla lu   men cin ta dan me me luk
랑 양   슬 알 루   믄 친 따 단 므 므 룩
mu stiap wak tu   ka lau di a tak mam pu
무 쓰띠앞 왁 뚜   깔 라우 디 아 딱 맘 뿌
pi lih sa ja a   ku   cin ta a pa kau tak ba ha
삘 리ㅎ사 자 아   꾸   찐 따 아 빠 까우 딱 바 하
gia   si ni de ngan ku sa   ja   oh oh di a
기아   시 니 등 안 꾸 사   자   오ㅎ 오ㅎ디 아
i tu si a pa a ku   i   ni le bih ba ik da ri nya
이 뚜 시 아 빠 아 꾸   이   니 르 비ㅎ바 익 다 리 냐

203

G#m
31
ja uh da lam ha ti mu a ku
자 우ㅎ 달 람 하 띠 무 아 꾸
A

F#m
33
ta hu eng kau i ngin a da o rang yang sla
따 후 응 까우 잉 인 아 다 오 랑 양 슬아
B

G#m
35
lu men cin ta dan me me luk mu stiap wak
루 믄 친 타 단 므 므 룩 무 쓰띠앞 왁
A

F#m
37
tu ka lau di a tak mam pu pi lih sa ja a ku
뚜 깔 라우 디 아 딱 맘 뿌 삘 리ㅎ사 자 아 꾸
B
E

Pilih Saja Aku
나를 선택해줘

Petra Sihombing

Cinta mengapa kau **sengsara** benci ku melihatnya
사랑, 왜 너는 내가 널 보는 것을 싫어할까

Oh oh dia itu siapa bisa membuatmu **merana**
오오 누가 너를 두렵게 만들었을까

Cinta apa kau tak bahagia sini denganku saja
사랑, 너는 나와 함께 있는 것이 행복하지 않니

Oh oh dia itu siapa aku ini **lebih** baik darinya
오오 내가 그 누구보다 좋은 사람인데

[chorus]
Jauh dalam hatimu aku tahu
네 마음에서 멀어지는 걸 난 알고 있어

Engkau ingin ada orang yang selalu Mencinta dan memelukmu setiap waktu
너는 언제나 널 사랑하고 널 안아주는 누군가가 있기를 원하잖아

Kalau dia tak **mampu pilih** saja aku
만일 그가 아니라면 날 선택해줘

Cinta apa kau tak bahagia sini denganku saja
사랑, 너는 나와 함께 있는 것이 행복하지 않니

Oh oh dia itu siapa aku ini lebih baik darinya
오오 내가 그 누구보다 좋은 사람인데

Ini hatiku untukmu
여기 내 마음은 널 위한 거야

Percayalah padaku sayangku
날 믿어줘 내 사랑아

Kalau dia tak mampu pilih saja aku
만일 그가 아니라면 날 선택해줘

A. Sengsara = 불행

Sengsara membawa nikmat. 고통은 위로를 가져온다.

B. Merana = 시들다

Hidupnya merana sejak ditinggal suaminya pergi.
그녀의 삶은 그녀의 남편이 떠난 이후로 힘들게 되었다.

C. Lebih = 더~

1. Lebih baik naik kereta A daripada kereta B, pelayanannya lebih bagus.
   기차 A를 타는 것이 기차 B를 타는 것보다 낫다, 서비스가 더 좋다.
2. Astrid lebih seksi daripada Anita.
   아스뜨릿은 아니따보다 더 섹시하다.

D. Engkau = 당신

Hanya engkau yang bisa mengerjakan projek ini, mohon dipikirkan lagi untuk menerima tawaran ini.
너만이 이 프로젝트를 끝낼 수 있어, 이 제안을 받아들이는 것을 다시 한 번 생각해줘.

E. Mampu = 할 수 있다

Saya tidak mampu untuk mengerjakan bagian ini.

저는 이 부분을 작업할 능력이 없습니다.

F. Pilih = 선택하다

1. Saya pilih anda untuk menangani permasalahan ini.

   저는 이 문제를 해결하는데 있어서 당신을 선택했습니다.

2. Jangan suka pilih-pilih makanan. Makanlah seadanya.

   편식하지 마. 있는 것을 먹어.

34 Ku di Negeri Orang
사람 사는 곳의 나

Slank

sah se la lu a ku di ne gri o rang me
사ㅎ 슬 랄 루 아 꾸 디 느 그리 오 랑 므

ran tau tuk men ca ri u ang ku di se brang
란 따우 뚝 믄 짜 리 우 앙 꾸 디 스 브랑

la u tan te ra sa be rat tan pa kau se o rang
라 우 딴 뜨 라 사 브 랏 딴 빠 까 우 스 오 랑

ta pi cin ta cin ta ki ta tak kan ter
따 삐 찐 따 찐 따 끼 따 딱 깐 뜨르

pi sah kan sa bar sa yang sa bar sa
삐 사ㅎ 깐 사 바르 사 양 사 바르 사

yang a ku nan ti pu lang wa lau ki ta
양 아 꾸 난 띠 뿔 랑 왈 라우 끼 따

ti dak ber sa a ma a ku te tap se ti
띠 닥 브르 사 아 마 아 꾸 뜨 땊 스 띠

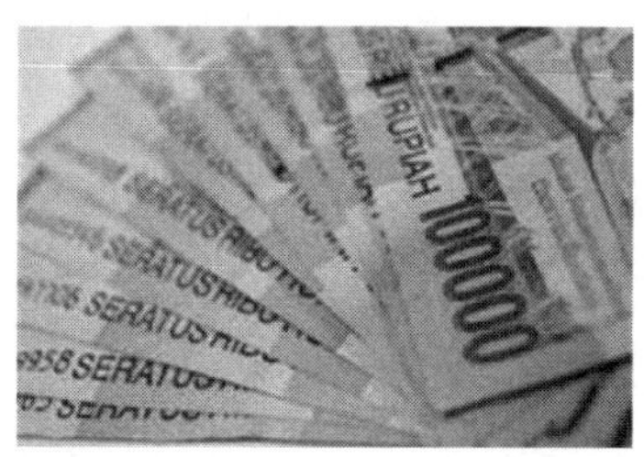

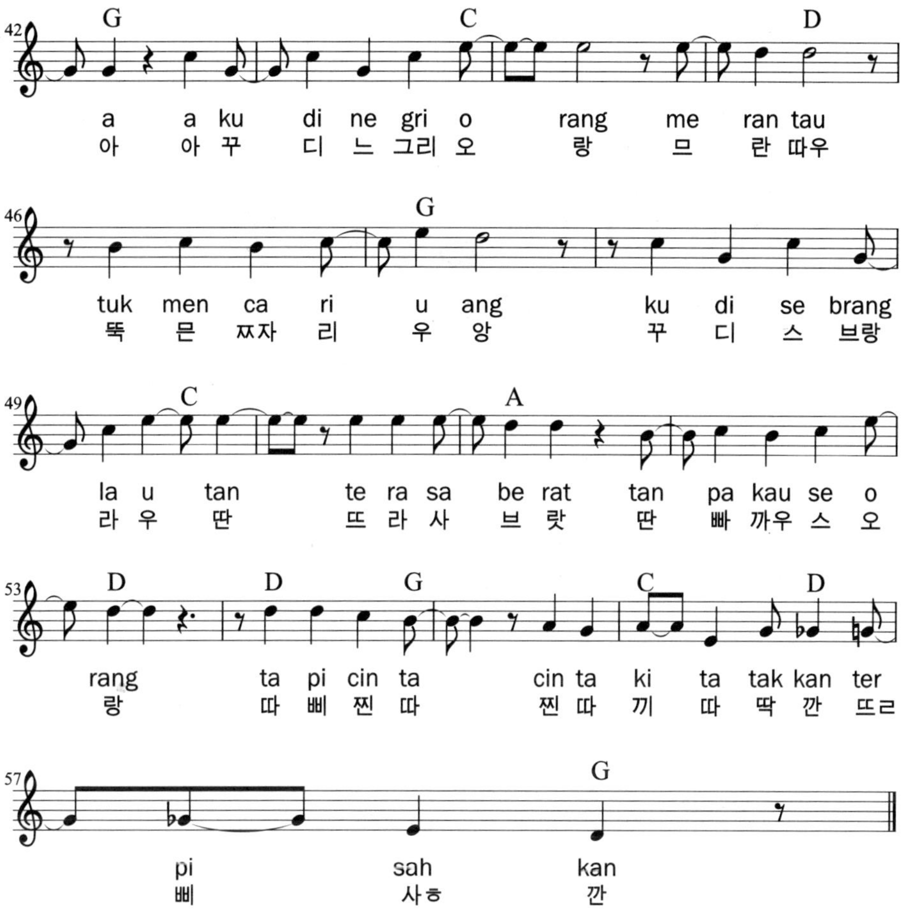
42
G C D
a a ku di ne gri o rang me ran tau
아 아 꾸 디 느 그리 오 랑 므 란 따우
46
G
tuk men ca ri u ang ku di se brang
뚝 믄 짜자 리 우 앙 꾸 디 스 브랑
49
C A
la u tan te ra sa be rat tan pa kau se o
라 우 딴 뜨 라 사 브 랏 딴 빠 까우 스 오
53
D D G C D
rang ta pi cin ta cin ta ki ta tak kan ter
랑 따 삐 찐 따 찐 따 끼 따 딱 깐 뜨르
57
G
pi sah kan
삐 사ㅎ 깐

RUPIAH
100000
SERATUS RIBU

Ku di Negeri Orang
사람 사는 곳의 나

Slank

Cinta itu air, cinta itu udara
사랑 그것은 물, 사랑 그것은 공기

Cinta itu berkorban, cinta itu keyakinan
사랑 그것은 바치는 것, 사랑 그것은 확신

Cinta itu kemuliaan, cinta itu agung
사랑 그것은 숭고한 것, 사랑 그것은 위대한 것

Cinta itu Tuhan
사랑 그것은 신

Kau tahu rasa di hatiku kangen sama kamu
나는 내 마음 속의 이 감정이 당신에 대한 그리움이라는 걸 알
았네

Sejak kita berpisah jauh ku gelisah selalu
우리가 헤어진 이후로 나는 언제나 두려워

Kekal rasa di dadaku merindukan kamu
내 가슴 속의 이 사라지지 않는 감정은 당신을 그리워하게 만들어

Sejak kita **jarang** bertemu aku **resah** selalu
우리가 거의 만나지 못한 이후로 나는 언제나 불안해

Aku di negri orang **merantau** tuk mencari uang
이 사람세계에 사는 나는 돈을 찾아 방황해

Ku di seberang lautan **terasa** berat tanpa kau seorang
바다 건너편의 나는 당신 없이는 힘들다는 것을 느끼네

Tapi cinta cinta kita **takkan terpisahkan**
그러나 우리의 사랑은 헤어질 수 없는 것

Sabar **sayang** sabar sayang aku nanti pulang
내 사랑아 참아줘, 내 사랑아 참아줘 내가 돌아갈 때까지

Walau kita tidak bersama aku tetap setia
우리가 함께 하지 않을 지라도 나는 늘 당신만을 바라봐

Aku di **negri** orang merantau tuk mencari uang
이 사람세계에 사는 나는 돈을 찾아 방황해

Ku di seberang lautan terasa berat tanpa kau seorang
바다 건너편의 나는 당신 없이는 힘들다는 것을 느끼네

Tapi cinta cinta kita takkan **tergoyahkan**
그러나 우리의 사랑은 흔들리지 않는 것

A. Berkorban = 희생

Warga Jakarta tidak pantas mengeluh apabila tidak mau berkorban untuk mengurangi kemacetan.

자카르타 시민은 희생자가 되기를 원하지 않을 경우, 교통체증을 감소시키기 위한 불평을 토로하는 것에 익숙하지 않다.

B. Keyakinan = 자신

Dia mempunyai keyakinan yang kuat bahwa anjingnya masih diluar. Hari itu juga ia menemukan anjingnya.

그는 그 강아지가 아직 밖에 있다는 확신을 갖고 있었다. 그 날 역시 그는 그 강아지를 발견하였다.

C. Kemuliaan = 존경

Kemuliaan hati Bapak Ibu Budi tidak bisa diuraikan dengan kata-kata.

부디의 아버지 어머니의 마음씨의 너그러움은 말로 표현할 수가 없다.

D. Agung = 큰

Guci ini bukan guci sembarangan, ini adalah guci yang agung.

이 항아리는 그냥 항아리가 아니다, 이것은 귀중한 항아리이다.

E. Kangen = 보고싶다

Aku kangen dengan masakan Indonesia.
나는 인도네시아 요리가 그립다.

F. Gelisah = 차분하지 못한

Gelisah aku memikirkan nasib anjingku yang hilang itu.
잃어버린 강아지의 운명을 생각하니 걱정되었다.

G. Jarang = 드물게

Jarang aku melihat Lia tersenyum sejak tahun kemarin.
나는 작년 이후로 리아가 웃는 것을 거의 보지 못했다.

H. Resah = 차분하지 못한

Resah aku menunggu kabar kapal terbang yang sedang menuju Korea di dalam badai.
나는 태풍 속에서 한국으로 향하고 있는 비행기의 소식을 걱정하며 기다리고 있다.

I. Merantau = 돌아다니다

Kesukaan Hugo adalah merantau ke luar negri.
후고가 좋아하는 것은 외국으로 여행하는 것이다.

J. Terasa = 느낌

Perjuanganku tiada henti, terasa capai dihati.

내 투쟁은 끝나지 않았다, 마음 속에서 피곤함이 느껴진다.

K. Takkan = 결코 … 않다 ; 설마, 그럴 리가

Takkan kubiarkan hal ini terjadi padamu.

이 일이 너에게 일어나도록 내가 내버려 두지 않을 거야.

L. Terpisahkan = 필수

Milo dan Moli adalah sepasang kuda yang tak terpisahkan.

밀로와 몰리는 분리될 수 없는 한 쌍의 말이다.

M. Sabar = 환자

Yang sabar dalam menghadapi segala sesuatu.

어떠한 일을 내면으로 참는 것.

N. Negri = 국가

Kita harus cinta negri sendiri. 우리는 자신의 국가를 사랑해야 한다.

O. Tergoyahkan = 동요하지 않는

Pendiriannya tidak tergoyahkan. 그의 견해는 흔들리지 않는다.

Dag Dig Dug
(OST Putih Abu-Abu)
닥 딕 둑

Blink

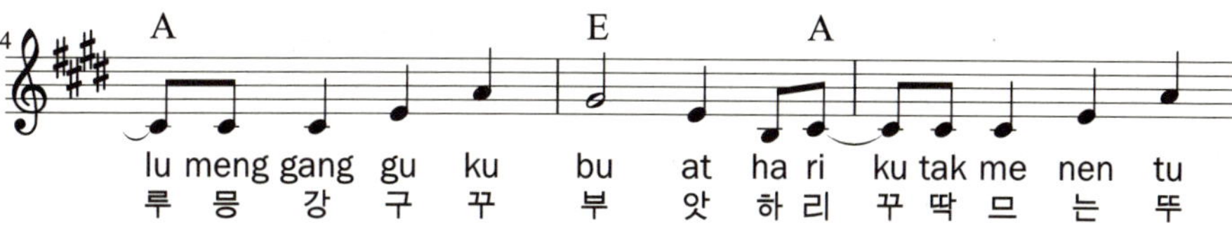

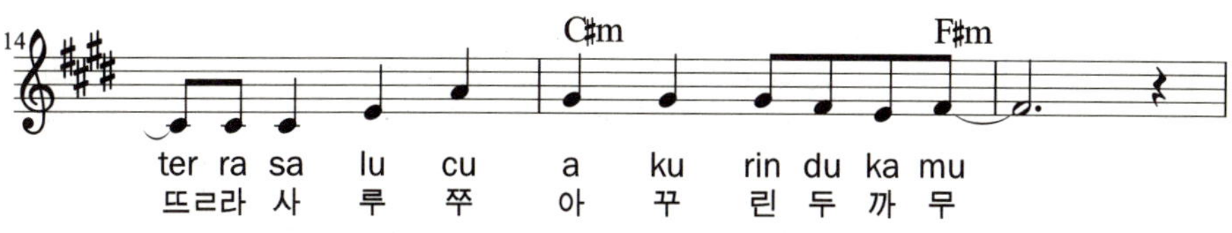

C#m A C#m A
dag dig dug ha ti ku dag dig dug ha ti ku
닥 딕 둑 하 띠 꾸 닥 딕 둑 하 띠 꾸

C#m D B
dag dig dug ha ti ku
닥 딕 둑 하 띠 꾸

E A
cin ta cin ta cin ta da tang pa da ku
찐 따 찐 따 찐 따 다 땅 빠 다 꾸

E A
ma lu ma lu ma lu ku a ku i i tu
말 루 말 루 마 루 꾸 아 꾸 이 이 뚜

E A
ta pi tapi ka mu tlah me na wan ha ti ku
따 삐 따삐 까 무 뜰아 므 나 완 하 띠 꾸

C#m B E
cin ta ku ber se mi di pu tih a bu a bu
찐 따 꾸 브르 스 미 디 푸 띠ㅎ아 부 아 부

E A E
na mun ha ti ku ja di rin du i ngat ke
나 문 하 띠 꾸 자 디 린 두 잉 앗 끌

la ku an na kal mu ki ni semua ter ra sa lu cu
라 꾸 안 나 깔 무 끼 니 스무아 뜨르라 사 루 쭈

a ku rin du ka mu dag dig dug ha ti ku dag
아 꾸 린 두 까 무 닥 딕 둑 하 띠 꾸 닥

dig dug ha ti ku dag dig dug ha ti ku
딕 둑 하 띠 꾸 닥 딕 둑 하 띠 꾸

cin ta cin ta cin ta da tang pa da ku
찐 따 찐 따 찐 따 다 땅 빠 다 꾸

ma lu ma lu ma lu ku a ku i i tu
말 루 말 루 말 루 꾸 아 꾸 이 이 뚜

ta pi tapi ka mu tlah me na wan ha ti ku
따 삐 따삐 까 무 뜰라흐므 나 완 하 띠 꾸

cin ta ku ber se mi di pu tih a bu a bu
찐 따 꾸 브르스 미 디 뿌 띠흐아 부 아 부

Dag Dig Dug
(OST Putih Abu-Abu)
닥 딕 둑

Blink

Aku tak mau bertemu kamu
나는 너를 만나기 싫어

Yang selalu menggangguku
항상 날 괴롭히는 널

Buat hariku tak **menentu**
내 하루를 어지럽혀

Aku benci kamu
나는 네가 싫어

Namun hatiku **jadi** rindu
하지만 내 마음은 널 그리워해

Ingat kelakuan nakalmu
너의 장난이 생각나.

Kini semua terasa lucu
지금은 모든 게 사랑스럽게 느껴져

Aku rindu kamu
나는 네가 그리워

Dag dig dug hatiku (dag dig dug hatiku)
닥딕 둑 내 마음(닥 딕 둑 내 마음-쿵쿵쿵 내 마음)

Dag dig dug hatiku (dag dig dug hatiku)
닥딕 둑 내 마음(닥 딕 둑 내 마음-쿵쿵쿵 내 마음)

Dag dig dug hatiku
닥딕 둑 내 마음(닥 딕 둑 내 마음-쿵쿵쿵 내 마음)

[chorus]
Cinta cinta cinta datang padaku
사랑 사랑 사랑이 내게로 왔어

Malu malu malu ku akui itu
쑥스럽고 쑥스럽고 쑥스럽게 난 그것을 고백해

Tapi tapi kamu tlah **menawan** hatiku
너는 이미 내 마음을 사로 잡았어

Cintaku **bersemi** di putih abu-abu
내 사랑은 회색과 흰색으로 꽃을 피워

A. Buat = 위한 ; 누구한테

B. Menentu = 혼란스러운 ; 고민하다

Hatiku tak menentu memikirkan dirimu.
너에 대한 내 마음은 정리되지 않았다.

C. Namun = 그런데

Saya sudah mencoba semua jalan namun masih belum berhasil menjajaki pasar Indonesia.
저는 이미 모든 방법을 시도했지만, 인도네시아 시장을 조사하는 것에는 아직 결실을 맺지 못했습니다.

D. Jadi = 그래서

1. Hasil rapat belum diputuskan, jadi jangan terlalu kuatir.
   회의 결과는 아직 결정되지 않았으므로 너무 걱정하지 말아라.
2. Kita jadi ke Bali kan akhir tahun ini?
   우리 올해 말에 발리 가는 거 맞지?

E. Menawan = 매력적인

Penampilannya sangat menawan hati.

그의 모습은 매우 마음을 사로잡았다.

F. Bersemi = (남을 대신해서) ~의 값을 지불하다 ; Kata Dasar = semi : 봄

1. Tak terasa musim semi telah tiba.

   봄이 이미 왔다고 느껴지지 않는다.

2. Cintaku bersemi kembali.

   내 사랑이 다시 꽃피운다.

36
Satu Nusa Satu Bangsa
하나의 조국 하나의 민족
L. Manik

E   A   E   F   B
Sa tu nu sa sa tu bang sa sa tu ba ha sa ki ta
사 뚜 누 사 사 뚜 방 사 사 뚜 바 하 사 끼 따

E   A   E
ta nah a ir pas ti ja ya un tuk sla ma
따 나ㅎ아 이르 빠ㅅ 띠 자 야 운 뚝 슬라 마

B   B   F#m
la ma nya In do ne sia pu sa ka In do ne sia
라 마 냐 인 도 네 시아 뿌 사 까 인 도 네 시아

B   E   A
ter cin ta Nu sa bang sa dan ba ha sa ki ta be la
뜨르찐 따 누 사 방 사 단 바 하 사 끼 따 벨 라

E
ber sa ma
브르사 마

Satu Nusa Satu Bangsa

하나의 조국 하나의 민족

L. Manik

Satu nusa satu bangsa
하나의 조국 하나의 민족

Satu bahasa kita
하나의 우리 언어

Tanah air pasti jaya
조국은 분명히 번영할 것이다

Untuk s'lama lamanya
영원히

Indonesia pusaka
우리의 유산 인도네시아

Indonesia tercinta
가장 사랑하는 인도네시아

Nusa bangsa dan bahasa
조국 민족 그리고 언어

Kita bela bersama
우리가 함께 지키자

단 어

A. Nusa = 나라 ; 국가

B. Bangsa = 민족

Negara Amerika, bangsa Amerika.

미국, 미국 민족.

C. Jaya = 승리

Nama 'Jaya'sering dipakai untuk nama perusahaan atau took.

'자야(승리)' 라는 단어는 회사 혹은 상점명으로 자주 사용된다.

D. Pusaka = 유산

Ini adalah benda pusaka.

이것은 유품이다.

E. Bela = 방어하다 ; (말이나 글로) 옹호하다 ; 방어하다

Ibu Vivi selalu membela anaknya meskipun salah.

비비씨는 그의 아이가 잘못했을지라도 항상 편을 들어준다.

37 Hari Merdeka

독립의 날

H. Mutahar

D
ha yat ma sih di kan dung ba dan
하 얏 마 시ㅎ 디 깐 둥 바 단
G
ki ta te
끼 따 뜨

G D Em C G
tap se tia te tap se dia mem per ta han kan
땊 스 띠아 뜨 땊 스 디아 음 쁘르 따한 깐

D G G Em
In do ne si a ki ta te tap se tia te tap se
인 도 네 시 아 끼 따 뜨 땊 스 띠아 뜨 땊 스

C G D G
dia mem be la ne ga ra ki ta
디아 음 벨 라내 가 라 끼 따

Hari Merdeka
독립의 날

H. Mutahar

Tujuh belas Agustus tahun empat lima
사십오년 팔월 십칠일

Itulah hari kemerdekaan kita
그것이 우리의 독립일

Hari Merdeka Nusa dan Bangsa
조국과 민족의 독립일

Hari lahirnya Bangsa Indonesia
인도네시아 민족이 태어난 날

Merdeka S'kali Merdeka tetap Merdeka
독립 독립 영원한 독립

Selama hayat masih dikandung badan
몸 안에는 여전히 생명이 있는 동안

Kita tetap setia tetap setia
우리는 계속 헌신하고 계속 헌신하여

Mempertahankan Indonesia
인도네시아를 지키자

Kita tetap setia, tetap setia
우리는 계속 헌신하고 계속 헌신하여

Membela negara kita
우리 국가를 돌보자

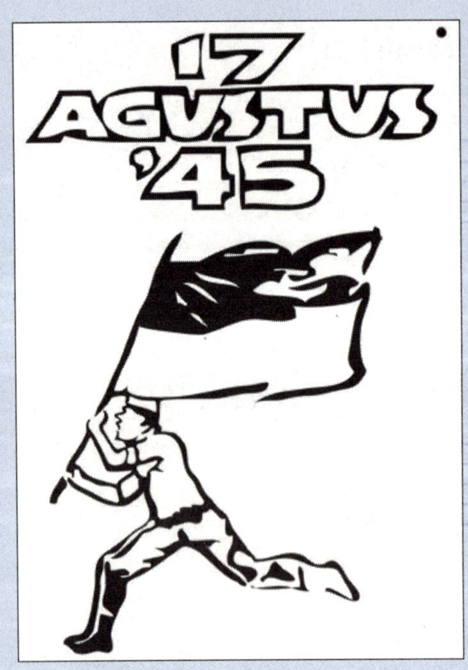

A. Kemerdekaan = 독립

Hari Kemerdekaan Indonesia tanggal 17 Agustus.
인도네시아 독립기념일은 8월 17일이다.

B. Hayat = 생활 ; 생명

Sampai akhir hayat aku akan selalu menghormatimu.
내 목숨이 다할 때까지 당신을 항상 존경할 것입니다.

C. Kandung = 모체 ; 행렬

Minuman ini mengandung alkhohol.
이 음료는 알코올을 포함하고 있다.

D. Mempertahankan = 유지하다

Tidak mudah untuk mempertahankan pernikahan.
결혼을 유지하는 것은 쉽지 않다.

38 Dari Sabang sampai Merauke

사방에서 머라우께까지

R. Suraryo

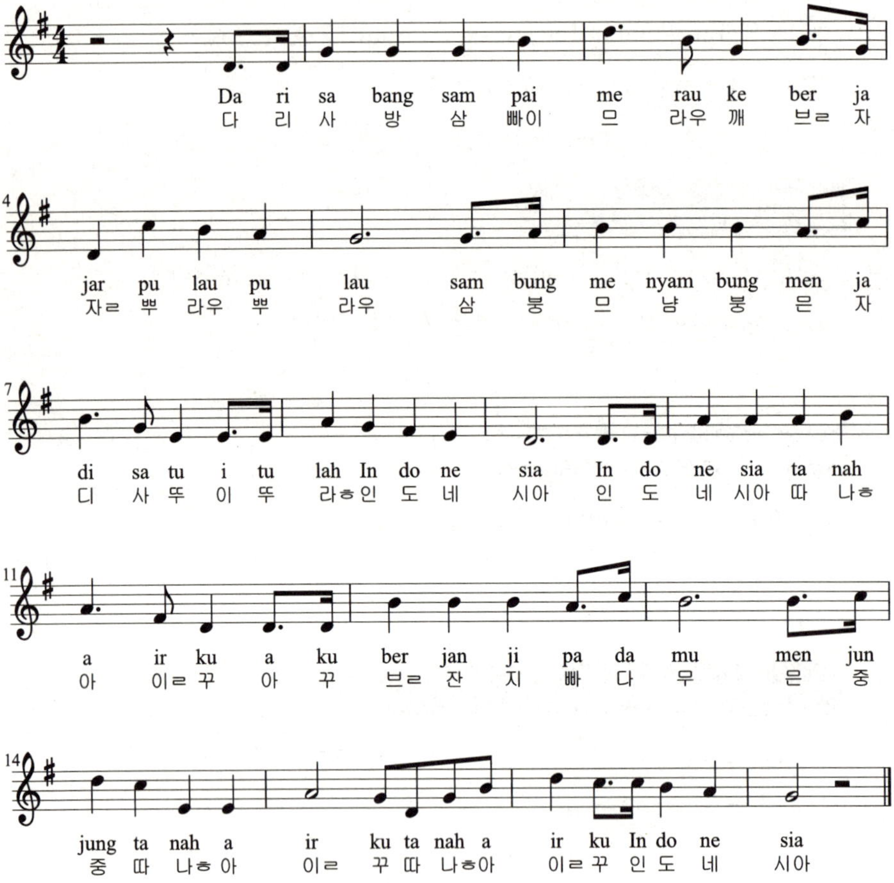

Dari Sabang sampai Merauke
사방에서 머라우께까지

R. Suraryo

Dari **Sabang** sampai **Merauke**
사방에서 머라우께까지

Berjajar pulau pulau
섬들이 줄지어 있죠

Sambung **menyambung** menjadi satu
하나가 되도록 연결하고 연결하면

Itulah Indonesia
그것이 인도네시아죠

Indonesia Tanah Airku
인도네시아 나의 조국

Aku berjanji padamu
나는 너에게 약속해

Menjunjung Tanah Airku
내 조국에게 순종해

Tanah airku Indonesia
나의 조국 인도네시아

A. Sabang = 사방

B. Merauke = 머라우께

C. Berjajar = 줄을 짓다 ; 나열하다 ; 일렬로 서다

Anak SD itu berjajar dari A ke B.
그 초등학교 아이는 A부터 B까지 일렬로 서 있다.

D. Menyambung = ~와 연결하다 ; ~와 연결시키다

Olia menyambungkan Tina pada Ibu Wulan.
올리아는 울란씨에게 띠나를 연결시켜 주었다.

E. Menjunjung = 머리에 이고 가다 ; 지시/ 명령 등을
지우라는 모든 명령을 따를 것이다

Ruslim menjunjung tinggi norma-norma agamanya.
루슬림은 그의 종교 규범을 잘 따른다.

39 Ibu Kita Kartini
우리의 어머니 까르띠니

WR. Supratman

Ibu Kita Kartini
우리의 어머니 까르띠니

WR. Supratman

Ibu kita Kartini, **Putri** sejati
우리의 어머니 까르띠니, 진정한 공주

Putri Indonesia, **harum** namanya
인도네시아의 공주. 향기로운 이름

Wahai Ibu kita Kartini Putri yang **mulia**
우리의 어머니 까르띠니에게, 충성스런 공주

Sungguh besar cita-citanya bagi Indonesia
인도네시아에게 진실로 큰 이상

Ibu kita Kartini, **Pendekar** Bangsa, pendekar **kaum**nya, untuk Merdeka
우리의 어머니 까르띠니, 독립을 위해 싸운 민족의 장수 / 공동체의 장수

Wahai Ibu kita Kartini Putri yang mulia
우리의 어머니 까르띠니, 충성스런 공주에게

Sungguh besar cita-citanya bagi Indonesia
인도네시아에게 진실로 큰 이상

A. Putri = 탈, 공주, 여자

B. Harum = 향기로운 ; 칭송이 자자한

Namanya harum setelah menyelamatkan banyak orang.

그의 이름은 많은 사람을 구출한 후에 유명해졌다.

C. Wahai = 어이 ; 와우

D. Mulia = 고매한

Perbuatannya sangat mulia seperti malaikat.

그의 행동은 천사처럼 매우 숭고했다.

E. Pendekar = 호신술 선수 ; 영웅 ; 용감한 사람

Dia adalah pendekar dari negri seberang.

그는 건너편 국가의 펜싱선수이다.

F. Kaum = 인종 ; 무리 ; 그룹

Jangan menganggap rendah pada kamu buruh.

너가 일하는 것에 대해 낮게 여기지 말아라.

Syukur
감사하라

H. Mutahar

Syukur
감사하라

H. Mutahar

Dari yakinku teguh
나는 확신해

Hati ikhlasku penuh
나는 진심으로 확신해

Akan **karuniamu**
당신의 은총 때문에

Tanah Air **Pusaka**
조국의 유산

Indonesia Merdeka
인도네시아의 독립

Syukur aku sembahkan
나는 경외할 수 있음을 감사해

Kehadiratmu Tuhan
신이시여 당신의 앞에서

A. Teguh = 견고한 ; 강한 ; 고수하다

Aku berpegang teguh kalau ini adalah propertiku.

나는 만약 이 것이 내 소유물이라면 강하게 잡을 것이다.

B. Hati Ikhlas = 수수한 ; 참된

Sumbangan ini aku berikan dengan hati ikhlas.

나는 선의로 이것을 기부한다.

C. Karunia = 은총 ; 보답 ; 사랑

Bayi kita merupakan karunia dari atas.

우리 아기는 하늘에서 내려온 선물이다.

D. Pusaka = 유물 ; 유산

Benda ini adalah benda pusaka.

이 물건은 유품이다.

E. Kehadirat = 면전